文观照下的儿童美术教育

郑劭煌 著

福建省第二届小学名师培养丛书

海峡出版发行集团
THE STRAITS PUBLISHING & DISTRIBUTING GROUP
福建教育出版社

图书在版编目（CIP）数据

人文观照下的儿童美术教育/郑劭煌著. —福州：福建教育出版社，2020.8（2022.1重印）
（福建省第二届小学名师培养丛书）
ISBN 978-7-5334-8754-6

Ⅰ. ①人… Ⅱ. ①郑… Ⅲ. ①美术课—教学研究—小学 Ⅳ. ①G623.752

中国版本图书馆CIP数据核字（2020）第092411号

福建省第二届小学名师培养丛书
Renwen Guanzhao Xia De Ertong Meishu Jiaoyu
人文观照下的儿童美术教育
郑劭煌 著

出版发行 福建教育出版社
（福州市梦山路27号 邮编：350025 网址：www.fep.com.cn
编辑部电话：0591-83726908 83727542
发行部电话：0591-83721876 87115073 010-62027445）
出 版 人 江金辉
印　　刷 北京一鑫印务有限责任公司
（北京市顺义区北务镇政府西200米 邮编：101300）
开　　本 710毫米×1000毫米 1/16
印　　张 10.75
字　　数 170千字
版　　次 2020年8月第1版 2022年1月第2次印刷
书　　号 ISBN 978-7-5334-8754-6
定　　价 27.00元

总 序

教学主张：教师从优秀走向卓越的专业生长点

教学主张是名师教学的内核和品牌，缺乏教学主张，或者教学主张不鲜明、不坚定，就称不上是真正意义上的名师。无论是名师个体的自我成长还是名师工程的定向培养，主张的提出是关键（前提），主张的研究是核心（中心）。

教学主张是名师的教学思想、教学信念。思想来自于思考，优秀教师在教学实践活动中都会自觉不自觉、有意无意地对相关问题进行思考，并在此基础上产生或形成对教学的一些看法、想法、念头、观点，我们将其统称为教学思考。这些思考不乏是有价值的见解，但总体而言，是相对零散，不够系统的；是相对浅层，不够深度的；是相对模糊，不够清晰的。只有经过理性加工和自我孵化，教学思考才能提升和发展成为教学思想。教学思想是教师对教学问题的系统的、深刻的、清晰的思考和见解，它具有稳定性和统领性。稳定性意味着思想一旦形成，不容易改变；统领性指的是对教学行为的影响力，行为是由思想而生的。

教学主张是名师的“个人理论”，它来自实践又高于实践。理论来自实践，优秀教师在教学实践活动中都会形成和积累一些行之有效的做法、招数、策略、特点、亮点，我们将其统称为教学经验，这是真正原生态、原发性的东西。我们认为，相应的实践经验无疑是促进理论滋生的最有价值的资源，教师的个人理论一定是来自教师个人的实践和经验，但是，由实践到理论，由个人经验到个人理论，这个过程不是自发产生和实现的。名师不仅要有实践意识，而且需要有理论自觉，一方面把自己的经验，把自己的所行、所见、所闻、所得加工、提炼、升华为理论；另一方面，用先进科学的理论反思、批判、充实、引领自己的实践和经验。通过这样的双向互动，把自己的经验要素转化为充满思维和智慧含量、可资借鉴（更具有普适性和启发性）的“理论因子”，从而不断形成和完善自己关于教学的“个人理论”，这就是教学主张的内核。

总之，教学主张引领教师从教学思考走向教学思想，从教学经验走向教学理论，这是教师从优秀走向卓越从而实现自我超越的根本支点。对名师个人而言，提出教学主张就是给自己树立一面旗帜！打造一只“天眼”！大凡成功的、有影响的教学名师和流派均有自己鲜明的、独特的、坚定的教学主张，教学主张是教师走向教育家的必经之路。因此，提出教学主张不仅是名师个人成长的关键环节，也是名师工程培养名师的核心抓手。

名师不仅要敢于、善于提出教学主张，而且还要围绕教学主张系统开展研究，它主要包括以下两个方面：

一、教学主张的理论研究

这一研究类似于学者、专家的学术研究，它使名师研究区别于普通教师的所谓校本研究。理论研究的过程是理论思维的过程，是一种形而上的研究。恩格斯曾经精辟地指出：“一个民族想要站在科学的最高峰，就一刻也不能没有理论思维。”中小学名师的教学理论研究就是对自己教学主张的理论论证，它要求教师暂时搁置自己的实践和经验，在理论的高度和轨迹上进行系统和抽象的论证和阐明，从而把自己的教学主张阐明得深刻、清楚、丰富，有逻辑性、有思想性。这个过程对一线的教师是个巨大的挑战，但是名师必须接受这个挑战，并在这个挑战中实现自我突破、自我超越、自我提升，这样才能从普通教师走向教育家。

理论研究的内容和要点主要有：

1. 教学主张的概念和内涵界定。提出一个主张意味着提出一个或若干个概念，理论研究都必须从概念界定开始，概念界定也就是界定概念的内涵和外延。关于概念的界定，有必要强调两点：第一，要基于概念的本意，任何概念都有自己的本质内涵，它是在历史的过程中形成的人类共识，名师的概念解读要以此为出发点和起点。第二，要有自己的新意，名师对教学主张及其概念要是没有自己独特的见解、看法和感悟，那么这个主张及其研究就没有多大的价值和意义。名师一定要善于从不同角度和方面去挖掘、揭示和阐述概念的内涵，这是把教学主张写得丰满和厚实的逻辑前提。

2. 教学主张的理论基础和依据。理论基础是某种主张、某种观点立论的理论依据。任何新主张、新观点都不可能是凭空产生的。名师的教学主张、观点，它的提出和发展同样有其理论基础。教师在提出教学主张的同时，一定要从哲学、认识论、心理学、教育学等学科去寻找其立论的依据。关于理论基础与教学主张的关系，我们要特别强调"有机性"三个字。有机性指两者之间的关系是内在的，不是外加的，就像地基与房屋的联系是一体的而不是拼凑的一样。名师一定要把教学主张的最直接的最核心的理论基础找出来、挖出来，务求准确、简洁、到位，并把两者的内在的逻辑联系揭示清楚，使其成为一个有机的理论体系。

3. 教学主张的具体观点和内容。这是名师研究的中心任务。概念界定和理论基础的寻找只是研究的前奏和起点，教学主张的观点和内容的展开才是研究的重头戏。教师一定要根据教学主张研究的主题、概念内涵和理论基础，从学科教育教学的不同方面和角度去挖掘、构建、提炼教学主张的核心要点，并加以系统阐述，使其成为一个结构和体系。所谓"横看成岭侧成峰，远近高低各不同"，对一个问题要从尽可能多的角度去思考，才能认识更全面、更透彻、更有新意。

二、教学主张的实践研究

这一研究本质上就是中小学教师的行动研究，它使名师研究区别于专家、学者的所谓学术研究。实践研究就是行动研究，是一种形而下的研究。

名师的实践研究的主要内容包括：

1. 教学主张的教材化研究——使教学主张有根有源。教学主张作为名师思想和智慧的结晶，是名师钻研和解读教材的独特视角，是名师发现、挖掘教材新意的探测器。正如尼采所说：有各式各样的"眼睛"，因而有各式各样的"真理"。名师要用主张来统领、解读教材，这是给教材注入、渗透主张、思想、智慧的过程，使教材个性化、生命化；与此同时，不断从教材中挖掘和提炼出体现和反映教学主张的内容和意义出来，使主张变得厚重、丰富，有根有源。

2. 教学主张的教学化研究——使教学主张看得见、摸得着。教学主张不仅要进入教材，还要进入教学。教学主张的教学化研究，简单的说就是要用教学主张作为教学的导向，并将其融入教学实践的每一个"毛孔"，使名师的教学活动“烙上”自己的思想和个性，进而形成自己的风格。著名特级教师于漪说的好：“教出自己个性的时候，才是学生收获最大的时候。”而教出风格的时候，才是名师成熟的时候。

3. 教学主张的人格化研究——使教学主张名师化、精神化。教学主张不但要进入教材、进入教学，还要进入教师本人，成为教师人格的一部分和特征。名师的主张不仅通过教材、教学表现出来，还要通过名师自己的生活和为人表现出来，这样才更令人信服。

三年来，我们坚定地要求和不遗余力地指导名师培养人选提炼教学主张并围绕教学主张开展深度的研究，这是我们名师培养工程的主题、主线索、主工作。现在摆在我们面前的一本本专著就是这一研究的代表性成果。三年之前，不仅学员，就连我们名师工程的专家委员，都觉得，这是一项不可能完成的任务。名师就是要做“不可能实现的事情”。我们欣慰地看到，不少名师培养人选通过三年的刻苦努力，实现了专业发展的自我蜕变和自我超越，成为真正意义上的名师了。

作为名师培养工程的一名导师，笔者深深地感到：名师是可以培养的，而培养的法宝就是教学主张。

福建省中小学名师培养工程专家工作委员会　余文森

目　录

绪　论 …… 1

第一章　儿童美术教育的人文性质 …… 4
第一节　人文与人文素养 …… 4
第二节　儿童美术的人文内涵 …… 6

第二章　儿童美术教育的人文建构 …… 17
第一节　追寻美术中的人文韵味 …… 17
第二节　开发人文中的美术元素 …… 24
第三节　丰富课堂中的文化气息 …… 29
第四节　构建教学中的审美情趣 …… 32

第三章　儿童美术教学的文化理解 …… 40
第一节　儿童美术教学的文化意蕴 …… 40
第二节　指向文化的儿童美术有效教学 …… 41
第三节　儿童美术文化理解的教学实践 …… 44

第四章　人文视角下的“真趣”美术课堂 …… 51
第一节　“真趣”儿童美术课堂的价值审视 …… 51
第二节　“真趣”儿童美术课堂的审美追求 …… 56
第三节　“真趣”儿童美术课堂的实施策略 …… 60

第五章　美术教学提升儿童审美和人文素养 …… 68
第一节　儿童美术与审美素养 …… 68
第二节　在自主探究中培养儿童审美素养 …… 71
第三节　在合作学习中培养儿童审美素养 …… 73

第四节　基于审美素养教育的美术课堂…………………………………… 76
第五节　美术课要让学生“由心而学”…………………………………… 79
第六节　拓展美术教学提升审美素养…………………………………… 81

第六章　儿童审美品质与能力培养 ………………………………… 85
第一节　儿童审美品质与能力培养的价值意义………………………… 85
第二节　儿童审美品质与能力培养的目标追求………………………… 86
第三节　儿童审美品质与能力培养的基本路径………………………… 87
第四节　儿童审美品质与能力培养的成果探索………………………… 88

第七章　儿童审美与校园文化建设 ………………………………… 97
第一节　校园文化的美育功能……………………………………………… 97
第二节　审美导向的校园文化建设实践探索 ……………………… 103
第三节　基于书法特色的校园文化建设美育案例 ………………… 107

第八章　人文课程资源的开发与利用 …………………………… 117
第一节　人文美术课程资源开发与利用的意义 …………………… 117
第二节　人文美术课程资源的种类 ………………………………… 122
第三节　人文美术课程资源开发与利用的原则 …………………… 133
第四节　人文课程资源在美术教学中的利用 ……………………… 136

第九章　人文视域下儿童美术创新思维的培养…………………… 143
第一节　培养儿童“求异”思维的四部曲 ………………………… 143
第二节　在美术教学中培养儿童的创新能力 ……………………… 146

第十章　人文导向的儿童美术教育评价 ………………………… 151
第一节　儿童美术教育评价的人文取向 …………………………… 151
第二节　儿童美术教育评价的基本原则 …………………………… 154
第三节　儿童美术教育评价的主要方式 …………………………… 157

后记 ……………………………………………………………………… 163

绪 论

美术是人类共同拥有的宝贵财富，是世界文明发展的重要足迹。儿童美术教育是优秀美术文化传承的必要渠道，是培育时代新人、共建精神家园的重要路径。我们的儿童美术教育基本理念是，以注重提升审美和人文素养为着眼点，建构儿童审美品质，培养儿童审美能力，涵养儿童审美精神。

首先，儿童美术教育是弘扬优秀文化、引领审美价值的教育。

国务院印发的《关于加快构建现代公共文化服务体系的意见》中提到，要“发展先进文化，创新传统文化，扶持通俗文化，引导流行文化，改造落后文化，抵制有害文化”。事关祖国未来的儿童教育也应当如此。美术教育应“润物细无声”地将真善美和社会主义核心价值观浸润于儿童心田，转化为日常行为，要将中华优秀基因、中华文化的气度和神韵根植于儿童主体意识中，激发儿童的更深层精神追求和创新意识。作为美术教师，我们要依托美术课堂和美术活动，加强美育引领，发挥以美育人、艺术养人的功能，以富有创造性的美术教育实践，让儿童从小就懂得热爱亲人、热爱家庭、热爱家乡、热爱祖国、热爱中华民族优秀文化艺术，培养深厚的民族情感和家国情怀，增强民族自豪感。要充分发挥美术教育在立德树人方面的优势，明确美术教育在育人方面的责任担当，通过美术教育对儿童进行价值引导、精神引领、审美启迪，要以“以美育人，以文化人，提高学生的审美和人文素养”为主要内涵和目标，对儿童实施情操教育、心灵教育，实现以美厚德、以美启智、以美健体、以美促劳的美育精神。

其次，儿童美术教育是塑造人格灵魂、陶冶审美品格的教育。

习近平总书记指出教育工作的实质是“塑造灵魂、塑造生命、塑造人的工作”，要求广大教师“用自己的学识、阅历、经验点燃学生对于真善美的向往，增强学生的价值判断能力、价值选择能力、价值塑造能力，引领学生健康成长”。这正是儿童美术教育工作者所应遵循的准则和秉承的使命。

当今世界，网络环境和各种大众传媒为文化多元化提供了发展空间，体现不同价值观的各种视觉文化突破了传统的传播形式，以最快的速度、最直接的形式，“零距离”地渗透到儿童的情感生活中，影响着他们的内心世界以及人生观、价值观的养成。这对儿童美术教育提出了新的挑战，也对儿童美术教育的改革与发展指出新的方向。

儿童美术教育的永恒价值应当是追求与传递真善美，应当以人文发展为导向，通过潜移默化的美术实践活动，让儿童发现自然美、生活美、心灵美，在儿童的心田里植入真善美的精神基因，锻造儿童精神品格，引领儿童向真、向善、向美、向上。

第三，儿童美术教育是启迪创新思维、提升审美素养的教育。

当前，儿童美术教育主要存在两个层面的问题，一是体现在认识层面，也就是功利化问题明显，育人的意识淡薄，美术教育目标主要集中于特长教育，很多特长的培养前提是满足功利追求，不是基于提高学生的审美和创造力；二是体现在教育实践层面，就是技术化问题突出，注重技法唯上，很多美术教学主要以传授与掌握技能为主要目标，以技能训练为主要教学内容和方式，把技术教育等同于艺术教育。

学习余文森教授“读思达”教学法，反思儿童美术教育，我认为我们要引导少年儿童经过“眼中”的观察、“胸中”的孕育、“手中”的再现，创作出表现“真性情”“真意气”的美术作品，启迪儿童的思维，激发儿童的想象，孵化儿童潜在的创造才能，以不断实现审美阅读、审美思考、审美表达的美术学习新目标。

艺术和科技是孪生姐妹，当今世界，科学技术迅猛发展，创造发明日新月异。我们在重视技术的同时，应当关注艺术；我们在重视物质的同时，应当关注精神；我们在重视理智的时候，应当关注情感。儿童美术教育，功在当代、利在千秋，要靠艺术强大的感染力，去滋养儿童的心灵；以“育人”为导向，发挥艺术丰富的表现力，去培养儿童的创新精神和实践能力，提升儿童的审美和人文素养。我们应当努力共同创设良好的美术教育环境和氛围，让儿童在艺术的海洋中，吮吸丰富的养料，健康茁壮地成长。

总之，人文观照下的儿童美术教育应该是面向全体的公平教育，人文观照下的儿童美术教育应该是注重实践的体验教育，人文观照下的儿童美术教育也应该是突出文化内涵的传承教育，人文观照下的儿童美术教育还应该是体现精神哺乳的养成教育，人文观照下的儿童美术教育更应该是培育创造精神的创新教育。

第一章　儿童美术教育的人文性质

《全日制义务教育美术课程标准（2011 年版）》（以下简称《美术课程标准》）明确提出，美术课程具有人文性质，是人类文化的一个重要组成部分。美术课程作为一种人文课程，不应单纯视为消遣娱乐或技巧玄机，而应将其视为人类文化的积淀和人类想象力的结晶，它凝聚着浓郁的人文精神，闪烁着人类的智慧。美术学科是一门人文学科，是美术基本素质培养和人文教育的结合，两者在美术教学中同等重要，不可以机械割裂开来。脱离了人文精神，只在知识掌握和技能训练上兜圈子，美术就会因失去灵魂、失去生命而暗淡无光；没有美术的基本常识和基本技能，人文性亦犹如空中楼阁一样没有根基，是浮华和浅薄的。因此两者应该有机结合，使其相得益彰、相互辉映。

第一节　人文与人文素养

人文就是人类文化中的先进部分和核心部分，即先进的价值观及其规范。其集中体现是：重视人，尊重人，关心人，爱护人。简而言之，人文，即重视人的文化。

人文，是一个动态的概念。《辞海》中这样写道："人文指人类社会的各种文化现象。"我们知道，文化是人类或者一个民族、一个人群共同具有的符号、价值观及其规范。符号是文化的基础，价值观是文化的核心，而规范，包括习惯规范、道德规范和法律规范则是文化的主要内容。

人文素养是指人类文化中的先进的、科学的、优秀的、健康的部分，主要由人文知识与技能、人文能力与方法、人文精神与品质三个方面构成。这三个方面相互联系，构成一个有机统一的整体。在这三大要素中，人文知识与技能起着基础性作用，是其他两个方面赖以形成的基础；人文能力与方法是重要组成部分，主要指分析和解决人与人、人与社会以及人与自然之间的问题的能力与方法；人文精神与品质主要指人生观、世界观和价值观，在社会生产和生活中理解和应用人文的意识和态度以及对人文的情感、兴趣和动机等等，这些精神和品质在人文素养各要素中占据核心地位，直接决定着人文素养的方向。

在人文素养中，人文精神是核心。当前大家对人文精神的认识不一，有的从民族文化的差异性角度来思考，往往得出各个国家的人文精神都有所不同的结论；有的认为每个时代人文精神内容不一样，中国古代与中国当下的人文精神不同。其实，人类的人文精神在某些具体内容上可能有时代与国家之别，但在根本特征或本质上则无根本性差别。人的欲望和本性等是相通的，这决定了人文精神也就不存在根本性的差异。人文精神尽管有各种各样的表达方式，但在总体上不外乎是对作为个体的人的生命、权利、利益与价值的尊重和保障，对实现个人利益基础之上的社会整体利益的维护，对人类赖以生存的自然环境、地球、宇宙及其他动植物的关切，它是人类文化中占据核心地位的精神因子。

人文素养即人文科学的研究能力、知识水平，和人文科学体现出来的以人为对象、以人为中心的精神——人的内在品质。著名教育学者肖川教授曾在《什么是人文素养》一文中对人文素养的内涵进行过界定，他认为人文素养可能包括以下几个方面的含义：

1. 对于古典文化有相当的积累，理解传统，并具有历史意识。能够知古应变，返本开新；

2. 对于人的命运，人存在的意义、价值和尊严，人的自由与解放，人的发展与幸福有着深切的关注；

3. 珍视人的完整性，反对对人的生命和心灵的肢解与割裂；认识人的精神神秘性和不可言说性，拒斥对人的物化与兽化，否弃将人简单化、机械化；

4. 尊重个人的价值，追求自我实现，重视人的超越性向度；崇尚自由意志和独立人格，并对个体与人类之间的关联有相当的体认，从而形成人类意识；

5. 对于人的心灵、需要、渴望与梦想、直觉与灵性给予深切的关注；内心感受明敏、丰富、细腻与独特，并能以个性化的方式表达出来；

6. 重视德性修养，具有叩问心灵、反身而诚的自我反思的意识和能力；

7. 具有超功利的价值取向，乐于用审美的眼光看待事物；

8. 具有理想主义的倾向，追求完美；

9. 具有终极关切和宗教情怀，能对于我是谁，我们从哪里来，又要到哪里去一类问题作严肃追问；

10. 承认并尊重文化的多样性，对于差异、不同、另类，甚至异端，能够抱以宽容的态度；

11. 能够自觉地辩护和践履社会的核心价值，诸如公平与正义。

总之，我们现在所说的人文，或人文精神，或人文思想，或人文教育，这里的人文，是指人类文化中的先进的、科学的、优秀的、健康的部分。而且，其核心是指先进的价值观，其主要内容则是指先进的规范。对于社会而言，尤其是先进的法律和制度规范；对于社会成员而言，尤其是先进的道德和习惯规范；对于儿童来说，首先体现在养成良好的习惯规范。

人文素养教育致力于用人类在漫长社会活动中所积累的智慧精神陶冶人、教育人，强调人的道德精神价值，注重对真善美的理解，引导人求真、崇善、爱美，使人洞察人生的目的和意义，找到正确的生活方式。人文教育对人的社会化具有十分重要的价值，因此，儿童美术教育要着重立足学科本位，凸显美术学科的人文性，落实“以美育人”理念，提升儿童审美和人文素养。

第二节　儿童美术的人文内涵

美术既是人类文化的载体，自身也是人类文化的一种类型，因此儿童美术学习不仅仅是美术技能技巧的学习，也不应该仅仅是美术知识的学习，而应该是在一种人文观照下的学习，应该让儿童在一种文化情境中理解美术，并通过对美术的学习感受，接受文化的影响。因此，美术课程应融入人文情境的学习中，成为人文学习的一个重要部分。

人文是人类知识、信仰和行为的整体，包括语言、思想、信仰、风俗习惯、禁忌、法规、制度、工具、技术、美术品、礼仪、仪式及其他有关成分。

它是人类所独有的，是与其他生物相区别的一种适应环境的方式。

人文是以价值观、世界观和审美观为核心，以思维方式为内显特征，以行为方式为外显特征的人类的生存方式。不同文化的人和族群所显示的差异，其实正是通过不同的行为方式显示出的价值取向、对世界的看法、对美的认识以及思维方式的差异。从人文的角度看待美术学习，是现代美术教育的一种积极的拓展和重大的进步。在这种大的美术教育背景下，美术的课程理念、课程内容和教学方法都应有相关人文的烙印，让美术课堂充满浓浓的人文味，让美术教育富于浓厚的人文气息。

一、 儿童美术教育的人文意义

中国美术有着悠久的历史和辉煌的成就，与其他国家和民族的美术共同构成世界美术的多元文化。美术是人类文化的重要组成部分，具有人文教育的功能。儿童美术教育关注人文从根本上扭转了以往把美术学科仅仅作为技能学科来看待的观念，使得美术学科同其他人文学科一样，参与了人类文化的传承与发展，通过对美术各种文化现象的关注与了解，对拓展美术教育的内容，丰富美术教育的内涵具有很强的意义。

1. 丰富美术学科的内涵。从美术学科的角度来考虑，它提升了美术学科的内涵，使美术学习成为了一种人文的学习。作为人文性质的美术学科，承担着帮助儿童建立完整的人生价值观，并内化地陶冶其人格情操的教育任务，作为文化学习的美术学科，又承担着人类文明的传承与发扬的教育任务。因此，要将美术学习“视为一种人文学习”，只有在广泛的文化情境中认识美术，才能使学生体会美术作品中所隐含的各种信仰、价值取向和审美趣味，了解美术与政治、经济、历史、文化等方面相互之间的联系，才能使学生学会积极参与人类优秀文化的传承，并对优秀文化的发展做出自己的贡献，使学生真正从纯粹的技能型学习转变到人文学习的层面上来。

2. 注重多元文化的传承。从人文的多样性角度来考虑，它加深了儿童对人文多样性的了解，培养儿童对我国优秀美术传统的热爱，尊重并理解世界的多元文化。当今在经济一体化和信息网络化为代表的全球化进程中，世界上许多国家越来越意识到民族文化多样性的保留、传承和发展的重要性和迫切性。在广泛的人文情境中认识美术，使儿童知道优秀的传统文化和艺术在历史发展中的独特作用，强化儿童的爱国主义情感。与此同时，世界上不同时代、不同国家、不同民族的艺术家所创造出的文化和艺术，也是多元的。因此，在广泛的文化情境中认识美术，还应使儿童能够欣赏不同国家、不同民族的文化、价值及思维方式，增进学生对自己民族文化和艺术的了解，开阔视野，培养对其他国家文化的接纳与尊重。

3. 体现学科之间的整合。从美术学科与其他学科横向联系的角度来看，儿童通过美术学习可以加强对其他学科的学习和理解。由于要在人文情境中认识美术，因此对美术的学习与理解往往不能像以前那样单纯地局限在本学科的知识技能的层面上，而应与和美术有关的文学、戏剧、音乐、地理、科学等学科的知识进行联系与融合。所以，在《美术课程标准》中设置了四个学习领域，其中“综合·探索”学习领域，就是旨在从跨学科的角度，弥补分科课程的不足，促进学生把所学的知识进行整合，充分发挥美术教育在素质教育中的作用。因此，只有通过在人文情境中认识美术，才能使美术学科与其他学科形成横向联系，使儿童通过美术学习了解美术与其他学科之间的共通之处和相异之处，自觉主动地融会不同学科的内容，形成跨越学科的横向性、综合性学习。

4. 促进美术素养的提升。美术作为人类精神文化的组成部分，是社会生活的反映和人类审美意识的体现。只有培养学生从政治、经济、历史、文化等背景来认识美术，才能更好地把握和深入地研究美术的性质和特殊的规律，进而提高学生的鉴赏能力，全面提升学生的美术素养。因此，在人文情境中认识美术，就是要使儿童学会分析各种事物的来龙去脉和内在的联系，从整体上去把握事物的各种现象，从而全面地把握事物的本质，探究和解决社会生活中的现实问题。

二、　儿童美术教育的人文取向

在儿童美术课程设置中，加强对优秀文化的教育与传承，挖掘其人文意蕴以及与生活的联系，建立在儿童已有的生活和学习经验之上，通过美术的学习，培养儿童具有一定的人文判断力，从而具有一定的生活智慧。

一是课标要求。《美术课程标准》指出：“美术是人类文化最早和最重要的载体之一，运用美术形式传递情感和思想是整个人类历史中的一种重要的文化行为。……通过对美术课程的学习，有助于学生熟悉美术的媒材和形式，理解和运用视觉语言，更多地介入信息交流，共享人类社会的文化资源，积极参与文化的传承，并对文化的发展作出自己的贡献。”因此，提出让儿童学习美术课程成为一种人文课程符合时代之需。

二是社会需求。美术是人类文化的一个重要组成部分，与社会生活的方方面面有着千丝万缕的联系，因此美术学习绝不仅仅是一种单纯的技能技巧的训练，而应视为一种人文学习。应通过美术学习，使学生认识人的情感、态度、价值观的差异性，人类社会的丰富性，并在人文情境中，认识美术的特征、美术表现的多样性以及美术对社会生活的独特贡献。同时，培养学生对祖国优秀美术传统的热爱，对世界多元文化的宽容和尊重。

三是人文特性。美术既是人文的载体，自身也是人文的一种类型，把美术学习视为一种人文学习，让学生在人文情境中理解美术，并通过对美术的学习感受和接受人文的影响。通过生活美术教育的理念，落实多元的人文美术形态，在人文情境中实现美术教育的价值，提升学生的人文素养，帮助体认人文传统和自我。

四是美术本质。美术是人文的产物，是人类文化的一个重要组成部分。美术作品中蕴含着丰富的人文气息和时代精神，是人类精神智慧的结晶。通过美术学习可以更好地了解人文，促进人文的发展。

【教学案例】

《小小手》教学设计

一、教学内容分析

《小小手》是湘版小学美术实验教材第二册第四课，教学时间为一课时。本课通过多种方式的手形表演与联想，在轻松愉悦的游戏式的活动中，让学生体会简单的、变化的手形带来的丰富联想与无穷乐趣，并鼓励学生通过平面绘画和立体彩绘的方式，尝试将自己借助手形联想到的形象表达出来。整个教学过程要求通过学生之间的交流与合作，相互启发、探索手形的装饰与组合美，创造性地表现自己的所思、所想、所感，从而培养学生的创新意识、创新思维、创新能力及合作能力，涵养学生的人文精神。

二、学生学习情况分析

1. 已有知识和生活经验。

在幼儿园和小学半年多的美术学习中，学生对美术已经有了一定的生活体验和知识积累。在学习体验的过程中，要不断激发和挖掘学生已有的知识经验，使之融入课堂，展开想象，进行创造。

2. 个性发展和群体提高。

同以往的美术课比较，本课具有更强的挑战性，要求学生不仅具有一定的想象能力，还要有更强的创造能力。因此，在学习的过程中，尤其要关注那些平时不爱动手动脑的学生，鼓励他们大胆动手、勤于思考、敢于质疑，使他们积极参与到整个课堂中；而对于那些平时动手动脑能力较强的学生，要积极引导他们学会合作、学会交流，在学习过程中养成敢于争鸣、勇于创新的科学态度，从而使学生通过本次学习，提升审美与人文素养。

三、设计思想

基础教育阶段美术课程的目标从过去重在培养学生的美术知识与技能，转变为促进学生美术能力与人文素养的整合发展，重在引导学生从对美术形式的感性直观和初级的感官体验，走向对其意义的体验和把握，感悟审美对象的精神气质。

基于以上教学理念，本课主要采用的教学方法有：

1. 游戏激趣法：采用游戏法是为了提高学生的学习兴趣和欲望，激发学生主动参与学习的热情。

2. 启发谈话法：抓住关键，培养学生分析事物、解决问题的能力，增强人文体认，提升人文意识。

3. 创设情境法：用魔术的形式及课件的展示把学生带到特定的情境中，使其产生一定的体验，变“要我学”为“我要学”。

四、教学目标

依据新课程教育教学理念，结合学生年龄特点，把本课的教学目标定为：

1. 引导学生感知手形的变化与组合，进而结合身边熟悉的事物展开联想。

2. 引导学生从不同角度观察手形的变化并进行联想，培养学生感知、观察、思考、探索的能力及合作学习的能力。

3. 培养学生观察生活、表现生活、装饰美化生活的艺术情感，体验合作学习的乐趣。

五、教学重点和难点

重点：引导学生观察感知不同姿态角度的手形，展开联想，大胆添画。

难点：帮助学生寻找到手形与实际形态之间的联系，探究手形的表现与组合方法。

六、教学过程设计

（一）游戏导入，激发兴趣

1. 玩一玩。

运用玩“石头、剪刀、布”的游戏引入课题。

[设计意图：俗话说“情感产生兴趣”。游戏是孩子们的天性，是激发低年级学生学习兴趣的最佳途径。以这样的方式引入课题，可以让学生对自己的小手产生兴趣。]

2. 说一说。

通过启发式的谈话，引导学生对“石头、剪刀、布”这些简单的形体进行联想，为更好地完成教学目标做好准备。这样，学生的好奇心就会被激发出来，教师抓住时机更深入地引导“我们的手还可以做出很多很多不同的造型，让我们产生丰富的联想，这会是一件非常有趣的事情”。比一比谁的想象力更丰富，进而导出课题《小小手》。

[设计意图：一堂课起始的好坏是整堂课成败的重要因素之一。通过谈话引导，使学生从中了解到手的基本结构、形状、用途，同时引发学生奇特的联想。]

（二）欣赏感受，拓展思维

1. 看一看。

教师用手影给学生表演一个小故事：“早上空气真好，小动物们起得早。小白兔，蹦蹦跳跳做早操；梅花鹿，头顶长角来吃草；小猎狗，打着呵欠伸懒腰；突然老鹰飞来了，空中盘旋把食找；猎狗见了汪汪叫，小白兔看见老鹰来了快点逃。小白兔赶紧往洞里跑，老鹰扑下没抓到，只好无奈地飞走了。”

[设计意图：教师通过生动形象的手影表演，把学生的情绪调动起来，也在小组内用单手、双手做各种手形互相交流。]

2. 演一演。

教师及时鼓励学生："小朋友的手都很灵巧，哪位小朋友愿意展示一下自己会变的小手?"

[设计意图：学生在老师的鼓励下，个个跃跃欲试，手形变化多端、活灵活现、形象可爱。他们玩得高兴，学得开心。课堂气氛快乐、自由、轻松、和谐。]

3. 学一学。

演示绘画步骤：先给手掌涂上颜色，摆好手形；再把手按在纸上印出手形；然后，引导学生试着将联想到的事物添画出来。

[设计意图：通过欣赏课件中各种形式的手形画，让学生知道小手除了可以摆手形还可以想象添画，也能用颜料直接涂在手形上的彩绘方法来表现，针对学生的好奇心理鼓励他们尝试多种画法，拓宽思维。]

（三）合作练画，愉快展评

1. 画一画。

小组讨论：准备用什么方法来表现小手，怎样分工？然后合作作画（学生作画时，播放歌曲《巧巧手》旋律）。

[设计意图：通过合作学习能开启学生的新思路，带给人意想不到的效果，同时也增强了他们的合作意识。在合作学习中，学生是学习的主人，教师只是担任协助、引导的角色。学生积极地讨论、交流、创作，起到了相互促进、相互影响的作用，从而画出妙趣横生的手形画。]

2. 评一评。

先让学生说说作品的设计思路与想法，然后同学间相互提建议，最后由教师进行简短的评价。

[设计意图：合理的评价能促进学生进步，树立自信。在教学中采用教师评价与学生评价、自评与互评、个人评与小组评相结合的多元评价模式，把空间尽可能多地留给学生，使学生真正成为课堂的主体。从而让学生能够以高涨的热情投入到学习中，最后投票选出"最佳创意奖"，将学习热潮推向高峰。]

（四）归纳总结，巩固延伸

首先，师生共同总结本课所学的内容及学到的本领。接着，教师用手语送给大家一句话（课件出示）：用我们的双手创造美好的明天，让学生跟着一起做。最后，在《巧巧手》歌声中愉快地结束本课。

[设计意图：这样既起到了巩固知识的作用，又延伸了主题，结合各行各业用双手进行劳动创造的情形对学生进行思想品德教育，启发学生用自己的双手创造美。]

七、教学小结与反思

本课的教学，从“手”的游戏开始到“手语”结束，从教师适时点拨到学生的自主参与，从围绕中心到拓展延伸，无一不体现了“趣”字，让学生感受到生活中处处蕴含着“美”，并懂得感知美、发现美、欣赏美、创造美，从而提升审美素养。这是这堂课设计的中心所在，更是新课标、新的教学理念对我们每一位教师提出的新要求。

【说课案例】

《花团锦簇》说课稿

我说课的课题是《花团锦簇》。今天我将从说教材、说学情、说教法、说学法、说教学流程等五个方面，与大家共同来探讨新理念下的美术课堂。

一、吃透教材（说教材）

《花团锦簇》是湘版美术教材第八册第十一课的教学内容，本课以“花”为题，制作纸花—包装纸花—赠送纸花是本课的主要线索和学习内容，属于设计—应用学习领域。本课学习主要定位于通过制作纸花增强审美情感，涵养人文精神。手工制作纸花的方法很多，本课采用的是卷压叠贴的方法，其特点是所表现的花朵形象变化丰富，造型逼真，装饰性较强，制作难度比较适宜。通过以上分析，我要达到的教学目标是：

1. 了解关于花艺的常识和习俗，并能运用到生活中去；

2. 利用柔软的纸材，经过卷压叠贴等方法制作纸花，并探究适合的表现方法，制作出更多的花型；

3. 体验纸花美感，增强学生利用纸花装饰生活的愉悦感和自豪感。

教学重点：掌握叠绕纸花的制作步骤和方法。

教学难点：如何叠绕纸条让其产生褶皱形成花朵，并制作出不同的花型。

二、知己知彼（说学情）

我所面对的是一群四年级的孩子，他们的年纪大约在9—11岁之间，正处于身体发育的加速期，具有较高的创新意识和较好的心理品质。根据心理学家皮亚杰的观点，他们的思维方式正处于形式预算阶段，也就是说作为教师，我们应该让学生通过自己的探究，取得新知识、获得新方法。

三、贵在得法（说教法）

本课注意遵循审美、直观、实践性和创造性的教学原则，根据不同的教学环节，选择多种教学方法，充分发挥教师的主导作用，体现学生的主体地位，调动学生主观能动性。我主要采用的教学方法是：

1. 直观演示法：课件制作注意强调有效性，大量的资料展示运用直观材料和直观手段，使学生获得充分的感性认识，培养学生的观察、思维能力。

2. 情境教学法：通过画面再现、音乐渲染、语言描述等途径，为课堂创设出平等、自由、愉悦的教学氛围，孩子们在快乐中体验和探索，很好地促进了学生充分、全面、自由的发展。

3. 讲授谈话法：语言是向学生传授系统的知识和技能、启发思维及进行思想教育的不可缺少的手段，教学是运用优美的语言与学生交流，并选择有针对性的问题提出，激发学生积极思考，发展思维能力，促进智能发展。

四、学而不厌（说学法）

我国著名教育学家叶圣陶曾说过：教师教任何功课，“讲”都是为了达到不用“讲”，“教”都是为了不用“教”。这句话一针见血地指出了教师的重要任务不仅要让学生通过学习掌握知识，更重要的是引导学生采用科学的方法进行学习。因此，我采用的学法是：

1. 观察体验法：引导学生观察纸花，充分调动学生的兴趣，产生丰富的联想，通过自身尝试体验，思维更加活跃，学生兴趣更加高涨。

2. 合作探究法：采用小组合作的形式，有利于学生之间的相互交流和沟通，能培养学生的合作意识和群体协作能力，把课堂交给学生，不仅让学生自主学习，而且能大胆展示自己，发展自己的个性。

五、优化设计（说流程）

（一）创设情境，披情入境

1. 课前设境：布置教室，在每一小组桌上摆上一个装满纸花的花篮，创设一个温馨的场景。

[设计意图:“作者胸有境,入境始于亲”。我认为一节课成功与否在于能否创设一个民主、宽松、和谐的情境,让学生有效地学习。为此我在课前利用纸花布置这样一个温馨的场景,让学生入情入境,学习情趣更加盎然。]

2. 播放照片:再现学生与花的欢快情景,并请学生说说其中的故事,重返那快乐的一天!其中我穿插一张老师与花的生活照,让老师与学生如朋友般亲切交谈。

[设计意图:新《课标》要求,要加强学生学习活动的综合性和探索性,注重美术课程与学生生活经验紧密相连。教师通过熟悉的照片调动学生的情绪,此时的课堂有如学生亲近的家,拉近师生关系。]

3. 欣赏图片:为了不让其他同学遗憾,教师及时说道:“花儿用它那曼妙的身姿装扮着春天,也许有的同学没有这样的故事,没关系,在这阳春三月里,让老师带同学们一同到花的海洋再去游览一番。”

[设计意图:欣赏是美术的一扇窗,它打开学生心灵的花朵。清晰的图片、大量的素材都给学生带来直观的视觉冲击与深刻的印象,它让孩子们真正体会到美来源于生活,审美能力和美术素养在欣赏中不断提高。]

4. 出示课题:粘贴已设计好的课题《花团锦簇》。

[设计意图:给予学生耳目一新的感觉,让学生从始至终沐浴在花的海洋中,受到美的熏陶。]

(二)掌握步骤,制作纸花

1. 看一看,说一说。

收集学生课前制作的纸花,分析并解决制作中出现的问题。再课件展示花仙子制作纸花的步骤和方法,教师现场解说,重点提示在制作时容易出现的问题。

[设计意图:新《课标》要求,要用发展的眼光看待学生,教会学生学习的方法,培养他们乐学的好习惯。在教学过程中,创造条件,尝试自主学习、合作学习、探究学习,使每一个学生的个性得到张扬。不管是知识的获得还是能力的培养,都需要一个过程,一个学生主动获取的过程,这样才能构建高效率的课堂教学。]

2. 做一做,展一展。

分组制作,每人至少制作一朵纸花,比一比哪个小组制作出的花型最多。

教师巡视指导，然后邀请具有创意制作的同学上台演示过程，再课件展示不同花型的纸花。

[设计意图：在探究学习中，解决纸花创意这一难点，促使学生逐步从“学会”到“会学”，最后达到“好学”的境界。在这里，孩子们最可贵的品质得到充分的体现。是的，给孩子一个舞台，他会还给你一份精彩。]

3. 创意装饰，评一评。

让我们把这份精彩继续下去，接下来分小组让学生自由选择：白裙子、帽子、队角布置、圣诞树等，对实物进行创意装饰。再以小组评析、全班交流评析、教师点评等多种方式进行评价，多用鼓励、赞许、找优点等语言加以肯定，并给第1名、第2名、第3名的小组分别颁发花环、花项、花束。

[设计意图：实物创意装饰让纸花创作融入艺术生活，培养学生的审美情趣，迸发学生的创作热情。评一评让学生思路、个性得以展现。]

（三）归纳总结，拓展延伸

师生共同总结本课所学内容及所学到的本领，教师对学生说：花是美的、多姿多彩的，象征着我们对生活美好的祝愿。因此在生活中，在很多地方我们都能看到花儿摇曳的身姿！出示课件：花儿在生活中的其他用处，配上一首钢琴曲《瓦妮莎的微笑》，愉快地结束本课。

[设计意图：这样既起到了巩固知识的作用，又延伸了主题。同时，愉悦的乐曲更是把学生带入无尽的回味中，让学生不断地体味着学习的乐趣。]

六、教学特色

1. 开发课程资源，丰富情感体验；

2. 运用多种方式，激发创作欲望；

3. 淡化学科界限，凸显艺术特色。

第二章　儿童美术教育的人文建构

作为人类精神文明结晶的美术，它的生成和消长，与不同时代、不同国家、不同民族的政治、经济、历史和文化背景有着紧密的联系。因此，只有把美术放在广泛的文化情境中，才能使学生了解人类文化的多样性，学会尊重与理解不同时代、不同国家、不同民族文化的异同。弘扬人文精神是新世纪世界各国美术教育改革的主题，当代多元文化语境下的儿童美术教育应当回归人文精神的原点。坚持以人为本的原则，遵循儿童的审美心理发展规律，构建适宜的美术学习目标，彰显人文关怀；立足儿童的生活经验，拓展多元的美术内容，培育人文素养；重视儿童的主体地位，构建富有情趣的审美教学，涵养人文精神。

第一节　追寻美术中的人文韵味

美术是文化的载体，在进行美术教育的过程中要关注美术课程的文化价值，要能体现出美术课程的人文性。美术教育在提高与完善人的素质方面具有独特作用，在运用艺术美、自然美、社会生活美，培养儿童正确的审美观和感受美、鉴赏美、创造美的能力教育过程中，对提高儿童的全面素质起着重要作用，这是其他教育学科无法替代的。美术课程是“具有人文性质的课程”，是“一种文化学习”。

一、　树立文化学习的教学理念

首先美术教师在教学观念上，一定要改变以往美术课只是传授技法的教学观，而应该树立起“把美术视为一种文化学习”的新理念。教师只有在观念上转变，才能理解“在广泛的文化情境中认识美术”的真正涵义，才能把美术教学从单纯的技能型学习提高到文化学习的层面上来。美术课程具有人文性质，有着浓郁的人文气息，美术教育有着独特的人文教育与文化传承功能。因此，美术教育应该本着引导和培养学生技能技巧的教学理念，承担起培养学生树立正确的人生追求、价值取向、审美情趣和传承人类文明的重任，更要加强弘扬民族传统文化。这是当今时代发展的需要，也是美术教育的内在规律和功能。

一定时期的美术作品既是艺术家自身思想情感的释放，又是艺术家所处时代、国家、民族折射的文化之光，不同的国家和民族，不同的文化和背景，构成了世界美术的多样性。因此，通过美术学习，学生可以了解不同时代、不同国家、不同民族的文化，可以对不同文化影响下的美术进行比较、赏鉴，加深对世界多元文化的理解和尊重，从而传承世界优秀文化，促进人类文明的共同发展。同时，我们应该懂得，世界各个时期、各个民族遗留下来的美术作品，正是人类在历史发展各个阶段所取得的共同文化成果，理应为人类共享。通过美术学习，要让学生认识到文化的共有性、延续性和发展性，在参与文化的传承中，既要树立起民族自豪感与民族自信心，积极推进我们民族文化繁荣发展，又要清除狭隘偏见、故步自封思想，增强相互交融、互补共荣意识，在推进文化的发展中做出贡献。

二、 采用灵活多样的教学手段

在美术教学中，教师应采用多种手段来启发学生，如在美术鉴赏教学中，可以针对美术作品、美术现象，用有关的音乐、故事、角色扮演等方式创设情境，加深对历史、文化以及美术的社会作用的认识；也可根据专题选取不同历史时期、不同文化背景的艺术家或艺术作品，进行比较、分析，从中发现他们之间的相同处和不同处；也可从谁（who）、什么（what）、何时（when）、何处（where）以及为什么（why），去引导学生体会艺术家创作艺术作品的动机与内涵。即便是技能类的教学，也可以利用多媒体，播放一些相关的电影、电视、录像或图片，让学生了解各种技法的来龙去脉，尤其是我国的一些民间艺术，有许多制作技法已经面临失传的危机，更需要让学生去了解，甚至也可以请一些艺术家或当地的艺人，来学校进行讲座、演示，加深学生对祖国传统艺术的认识。教师也可创造性地使用美术教材，根据学生、学校和当地的特点对教学内容进行选择、改变和再创造，灵活地利用当地自然和文化资源，积极开发校本课程，增强美术教学与当地自然和文化特色的联系，使学生真正在广泛的文化情境中认识美术，并通过美术学习，涵养人文精神。

三、探索自主合作的学习方式

在学习方式上，教师应积极探索本次课程改革中所倡导的自主性学习、探究性学习和合作性学习的方式，如鼓励学生在学习过程中主动地利用计算机技术和国际互联网开展美术教学，收集、筛选、分析、整理相关背景资料，扩展学习资源；也可以组织学生走出校门，到美术馆、博物馆以及社会中去参观、走访、调查，使学生通过自己亲身的活动，获得民族、宗教、民俗、地理、政治等方面知识，加深领会美术与其他学科之间的联系。

同时，在美术教学中要努力创设一定的文化情境，增加文化含量，使学生通过美术探究学习，加深对文化和历史的认识，加深对艺术的社会作用的认识，树立正确的文化价值，涵养人文精神。这不是简单的概念更迭，而是一种教学理念的全面升华，使美术教育从纯粹的技能型学科，提升为具有文化传承功能的学科，从而进入更广的领域、更深的层次。

四、构建开放整合的教学资源

在使用美术教材时，应领会“在广泛的文化情境中认识美术”的真正涵义，真正认识从纯粹的技能型的美术教学提高到具有文化内涵的美术教学的层面上来。如人教版的美术教材，整套书就是围绕着学生的校园文化生活和社区文化生活这样两个主题展开的，通过美术学习，学生了解艺术与生活、艺术与社会的联系。人美版美术教材也突出体现教材中的人文性质，通过美术学习，学生参与文化的传承和交流，以及对多元文化的了解。湘版美术教材，也非常注意引导学生用美术的眼光观察美术的历史演变，思考、理解它们的文化含义，从中发现艺术发展的原理和规律。在用教材教学的过程中要注意拓展教学内容，多增加些有关历史背景知识的介绍，增加相关的图片资料，使学生获得更多的相关知识。

【教学案例】

《珍爱国宝——古代的陶瓷艺术》教学设计

一、教材分析

《珍爱国宝——古代的陶瓷艺术》是人教版义务教育课程标准实验教科书五年级上册的第十六课。遵循《美术课程标准》，注重“引导学生参与文化的传承与发展”，通过瓷器（青花瓷）的欣赏，体会艺术、文化与历史是息息相关、不可分割的。

在教材基础上合理地进行校本化处理，通过两课时完成教学。第一课时介绍陶器与瓷器的区别，欣赏古代陶器。第二课时以点带面，侧重学习瓷器中的主流代表瓷器——青花瓷，激发学生兴趣，引导学习方法，提高审美能力，提升文化内涵。在拓展学习中鼓励学生自主欣赏与研究其他瓷器。

二、学生分析

基于五年级学生喜欢直观感受、厌倦抽象说教的特点，充分地利用信息技术，将音乐、图像、视频、动画巧妙融合起来，运用脍炙人口的流行歌曲，创设清新隽永的青花瓷欣赏氛围，穿梭千年的历史时空，将青花瓷的前世今生娓娓道来，激发学生的欣赏兴趣与学习热情。通过青花瓷实物的欣赏，学生在视觉、听觉、触觉等方面有了直观体验，再从形状、纹饰、色彩等方面进行小组自主探究。在教师的引导下，学生了解了青花瓷的烧造工艺与创造世界纪录的原因，从而有了更加深入的感悟，提高审美能力与美术素养。

三、教学目标

1. 通过赏析，让学生感受青花瓷，掌握其制作方法、色彩、纹饰、器形等美术知识，引导学生探究青花瓷创造世界纪录的原因及其受到历史的影响，用简短的话语说出自己的感受体会，使学生逐渐掌握陶瓷欣赏的方法。

2. 通过《青花瓷》MV来展现青花瓷的美感，以实物青花瓷来亲身体验青花之美，以多媒体课件来揭示青花瓷的缔造方法与文化价值。

3. 通过学习，学生对祖国传统文化产生学习兴趣与自豪情结，在学习青花瓷历史中体会“艺术品是历史的一面镜子”。

四、教学重点

学生观察青花瓷实物，小组交流研讨它的器形、色彩、纹饰等外观特征，并填写欣赏卡。

五、教学难点

学生了解青花瓷的制作方法，猜测元青花“鬼谷下山”创造世界纪录的原因。

六、教学准备

多媒体课件、十余件形状纹饰不同的青花瓷实物、欣赏卡。

七、教学过程

（一）参与瓷器之旅，探寻名称来源

1. 我们经常说陶瓷，陶与瓷是两种东西，哪一种是中国人发明的专利？关于瓷器（播放短片）你知道些什么？

2. 瓷器与中国是同一个英文单词。为什么使用china这个单词呢？

很久以前中国有一个叫做昌南的小镇盛产瓷器，久而久之就把瓷器叫做昌南。这个小镇就是今天的景德镇。

[设计意图：运用直观生动的视频导入，探寻瓷器与中国名称的由来，从而引发学生的好奇心与求知欲，激发学生兴趣，进而对中国瓷器的欣赏充满期待。]

（二）欣赏《青花瓷》歌曲，初步感受青花

1. 2005年，一件元代的青花瓷，仅仅20斤重，却拍出当时等同于2吨黄金的价格，你们想看看吗？（播放青花瓷世界纪录创造者“鬼谷下山”视频资料）（板书课题）

看到这里，你有什么感受？

青花瓷被称为“永不凋谢的青花”，它起源于唐宋，元代成熟，到明清鼎盛。在中国千年瓷器历史中，青花瓷是主流瓷器，因此被誉为“国瓷”。（拿出青花瓷瓶实物）

2. 你们想欣赏与了解更多青花瓷吗？让我们伴随周杰伦的歌曲《青花瓷》，走近更多青花瓷的绝世珍品，体验青花之美。（播放歌曲MV）

[设计意图：通过观赏创造世界纪录的瓷器，学生的学习兴趣更加浓厚，教师手执青花瓷实物进行历史介绍，并伴随流行歌曲《青花瓷》MV，通过图像欣赏青花瓷，创设视听情境，贴近学生生活，拉近瓷器与学生的距离。]

（三）小组研讨质疑，追问缔造疑团

关于青花瓷，你想知道什么？可以提出你的问题。

核心问题：制作方法 器形 色彩 纹饰 世界纪录

其他问题：……

[设计意图：鼓励学生发现问题，大胆质疑，充分调动学生自主参与性，使他们成为设疑者与探究者。]

（四）观察青花实物，体验外观特征

你们想不想亲自观察真正的青花瓷，来解答这些问题呢？在书桌里有一些青花瓷仿品，是现代人依照古代瓷器进行仿制的，也非常精美。以小组为单位进行观察与交流，看一看、摸一摸、敲一敲，然后填写欣赏卡。（温馨提示：因瓷器是易碎品，观察时注意轻拿轻放）

1. 看一看：器形、颜色与纹饰是怎样的？

（1）器形。

同学们观察手中的青花瓷是什么形状的？用来做什么？

（瓶、碗、盘、罐、壶、杯、盏、勺、笔、笔洗、印泥、摆件等）

还可以做成什么形状呢？（课件列举大量的图片）青花瓷涉及到生活中的方方面面，很多东西都可以做成青花瓷。

（2）色彩。

蓝白相间的色彩带给你什么感受？

（清新高雅、幽静明快、百看不厌，符合不同爱好的人的审美需求，这正是它经久不衰的重要原因之一）

（3）纹饰。

请大家观察你们手中的青花瓷，看看它的纹饰有哪些？画得如何？

纹饰非常精美，画工细腻，注重浓淡变化与疏密构图。纹饰分类与中国画相同，山水、花鸟与人物。

2. 摸一摸：有什么感受？很光滑。

3. 敲一敲（轻轻地）：是什么声音？清脆的声音。

[设计意图：此环节是重点。通过实物的观察接触，学生对青花瓷有直接的感官认识，在视觉、触觉与听觉上都能得到体验与震撼。通过小组学习，培养学生的合作能力、参与意识与探究精神。通过填写欣赏卡，为学生搭建欣赏脚手架。]

（五）交流青花工艺探究核心问题

1. 制作方法。

如此形态万千、工艺精湛的青花瓷是如何制作的呢？又是何时开始制作的？谁了解这方面的信息，与大家交流交流？

这是一组从瓷都景德镇发出的宝贵资料。青花瓷的诞生，需要大大小小70多道工序，可以精简为揉泥、做坯、修坯、晒坯、画瓷、施釉、窑烧、成瓷。有机会希望大家可以亲手制作一件作品。

2. 世界纪录。

在众多青花瓷精品中，为什么“鬼谷下山”能够创造世界纪录呢？它到底描绘了什么内容？（播放视频：这一元青花瓷罐描绘的故事源于中国古代典籍《战国策》，战国时候燕国与齐国交战，齐国军师孙膑不幸被俘，他的师父——著名的谋略家鬼谷子乘坐由虎豹所拉的二轮车下山前去营救）

猜猜为什么创造世界纪录？

工艺精湛：花纹画法登峰造极，是难得一见的神品。

题材新颖：描绘了中国古代一位具有传奇色彩的人物——鬼谷子，他的徒弟孙膑写了一部《孙子兵法》闻名世界。这是具有中国特色的历史故事。

稀缺因素：全世界这么大的元青花瓷罐不足十件。

古代瓷器能反映出当时的历史、文化与生活，我们不仅要欣赏瓷器表面的美感，还要探究瓷器背后的历史。

[设计意图：此环节是难点。通过图像资料，直观真实再现景德镇青花瓷烧造工艺的奥妙，让学生深刻领悟到中国古代瓷器艺术的魅力与劳动人民的智慧，也使学生认识到通过瓷器折射出中华民族的历史与文化。]

（六）升华青花体验，拓展学习瓷器

谈谈青花瓷带给你的感受与收获。

想不想听听老师的感受？那就是《青花绽放》……

中国瓷器，除了青花瓷，还有宋代五大名窑，明清的粉彩、斗彩、珐琅彩等，大家可以根据青花瓷的欣赏方法，参看书籍与网络，进行进一步的研究。

[设计意图：引导学生梳理思路，发表美术欣赏的终极感受、文化之旅的启示与收获。通过青花瓷的欣赏，学生掌握欣赏评述的思路与方法，为欣赏其他瓷器奠定基础。]

第二节 开发人文中的美术元素

人类优秀传统文化种类繁多、形式多样，但是无论哪种文化都包含着一定的美术元素，寄予了人们美好的生活理想。在美术课堂上，我们对于学生人文素养的培养力度仍然不够，缺少人文素养教育目标，忽视对教材中人文价值的挖掘。同时，在学习活动具体组织过程中，对人文和文化领域的拓展不够，对“欣赏·评述”等学习领域中文化元素重视度不够，就此影响到了学生对人文性的体验，阻碍了学生综合素质的发展。因此，作为美术教师，应基于教材内容，立足儿童生活，努力挖掘开发人文中的美术元素，拓展教学领域，提升儿童人文素养。

一、 关注精英和大众文化中的美术

精英文化来自于社会精英的思想和情感，具有终极关怀的含义，代表着一种高层次的文化，是一定社会的主流文化。通过对这种文化的学习，学生可能获得更深刻的思想启迪，更高尚的情感陶冶，更强烈的社会责任感，更敏锐的眼光和洞察力。在美术教学活动实际开展过程中，可运用文化知识引导学生感受、体验、分析、挖掘精英文化艺术作品的美，充分感受到优秀作品的艺术价值，掌握审美方法。同时，可积极启发学生发现美，学会欣赏艺术作品中的美，再在发现美、欣赏美的基础上，对美进行创造。整个教学过程，利于学生人文素养的养成，能够让学生真正掌握精英艺术作品中的优秀文化元素，懂得鉴赏人文内涵。

在现代视觉文化发展的过程中，生活中的视觉现象如海报、广告、卡通、影视、计算机网络图像、化妆、纹身、建筑、服装、饰品、城市环境、社区环境、商品包装、书籍装帧等，这些大众文化与学生的生活经验有非常大的相关性，对形成学生的视觉经验，影响学生的价值观、审美观具有不可忽视的作用。在美术教学中，也应注重树立以人为本的教育理念，将来自学生生活中的大众文化元素渗透到课堂中，深入挖掘社会大众的文化背景和文化元素，科学设计美术课教学目标，丰富欣赏和审美方面的教育内容。同时，还可通过情境教学，让学生深入生活实践，体验生活情趣，培养学生人文素养。

二、 传承传统和民族文化中的美术

要保护和传承民族文化，需要理解这个民族的世界观、价值观、审美观、宗教、伦理和哲学思想，以及语言、美术、建筑、工具、器皿、衣食住行等，尤其要理解和保护这个民族的核心价值观。民族文化中的美术元素普遍而丰富，在美术教学中只要用心去观察，就会发现博大精深的民族文化就是一座丰厚的美术宝库。在美术课堂上，要结合教材教学内容，为学生呈现一些能够体现民族优秀文化特征的艺术作品，引导学生对美术作品进行欣赏、品味、观摩，激励学生由被动学习状态慢慢转变为主动学习状态，加强对作品中色彩、线条等的体味，并积极用语言表达自己对优秀传统艺术作品的欣赏感悟，通过思考，与作者形成思想上的碰撞，最终升华出人文情感。挖掘优秀传统和民族文化进行美术欣赏教学，对人文素质教育有着突出作用，是促进学生审美情趣和人文素养发展的有效策略。

三、 挖掘乡土和民间文化中的美术

乡土民间艺术文化是一个多元文化的载体，是新时代构筑国家民族现代先进文化的基因，“一个民族的发展基因是不能丢掉的，我们是谁，我们从哪里来，我们往哪里去，只有守住自己的根，才能向上发展”。因此，让学生“认识你脚下的土地”，在儿童美术教育中，有着极为重要的现实意义。在教学中利用这些条件，引导儿童进行各种形式的绘画训练，不仅能大大提高儿童绘画的多种基本技能，而且儿童根据乡土文化所创作的作品在近期多次的市、省、全国性美术比赛中获奖，这些作品充满浓郁的乡土气息和人文情怀。同时还让儿童进一步熟悉乡土文化的内涵，培养学生热爱家乡、热爱民族文化的思想感情，了解人与自然和平共处的生存意义，以及强化对文物古迹的保护意识。

记得一位少儿美术教育家说得好：“儿童参加美术活动不仅仅是画几幅画，他们需要经常到生活中去，开阔眼界，学会珍惜大自然，重视人类文化，在生活中学习知识，磨练意志，学会与人沟通，从而提高自身的人文素养。”

四、 探寻社区和校园文化中的美术

在日常生活中我们每个人都身临其境地体验周围的人物、事物、景物，耳濡目染地受到特殊文化的熏陶，难以抗拒地受到自身生活空间文化氛围的影响。如果有意识地引导学生了解所处社区环境的文化遗产、流行文化、环境保护和建设等状况，则对学生形成视觉经验和新的价值观更具有建构性。

同时，学校与商场、军营、公园等的文化氛围是完全不同的，所以如何认识我们所处环境中的文化氛围和特质，对学生的成长有着非常重要的意义，因此要关心社区和校园的文化学习和建构，在环境关怀中实现美术教育的价值，培养儿童的人文素养，帮助儿童体认文化传统和自我。作为美术教师应有意识地指导学生对教室、窗台、走廊、楼梯，甚至厕所进行装饰和美化，形成富有感染力的校园文化氛围。

“儿童美术人文教育”是基于多元文化理论的影响，基于对文化的多样性而提出来的。我们要从根本上扭转把美术学科仅仅作为一种单纯的技能技巧训练的观念，而视其为一种文化学习，使美术学科同其他人文学科 样，参与人类文化的传承与发展，从而培养儿童对祖国优秀美术传统的热爱，对世界多元文化的宽容和尊重。

【教学案例】

《风铃叮当》教学设计

一、教学内容分析

《风铃叮当》是湘版小学美术实验教材第六册第十课，本课是集“造型·表现”和“设计·应用”为一体的综合美术课。风铃原本是佛殿、宝塔等古建筑檐下悬挂的铃铛，人们喜爱它悦耳的声音，于是模仿它的形状以及发声原理，利用各种不同材料制成工艺品。本课将表现与制作融为一体，巧妙利用身边的玻璃瓶、易拉罐等多种材料，运用捆、绑、剪、贴等基本方法制作一件风吹作响的工艺作品，有效地培养了学生的动手制作能力和想象创造能力，构建学生的生命审美方式。

二、学生学习情况分析

三年级的学生好学、好问，有较强的好奇心和强烈的表现欲望，更有丰富的想象力和创作思维能力，向往尝试各种展示自己的机会，也具备了一定的美术基础知识和动手能力，学习起手工制作相对容易。本班多数学生都喜欢手工制作，能运用常见的工具和材料，制作自己喜欢的作品，用艺术的方式美化生活环境。

三、设计思想

新的美术课程更多地呼唤人文关怀的回归，关注学生的健康成长。通过欣赏，鼓励学生大胆创作，发挥他们的创新精神。同时，运用灵活多样的教学方法，倡导学生快乐地学、主动地学。本课主要采用的教学方法有：

1. 情景教学法：首先运用实物、游戏、演示、音乐渲染等手段，创设与本课内容相关的情景，并把儿童带入这种情景，让其在浓烈的课堂氛围中进行智力活动，开发儿童的智力潜能。

2. 演示法：根据心理学原理，再造想象是根据词语的描述或图样、图解、符号、记录等的示意，演示与讲解有机结合，帮助学生更直观、清楚地掌握风铃的制作方法。

同时，还运用引导发现法、观察分析法、讨论法等教学方法，多层面地进一步激发学生的学习兴趣，陶冶学生的审美情趣，培养学生的创造能力。

四、教学目标

依据新课程教育教学理念，结合学生年龄特点，把本课的教学目标定为：

1. 知识与技能：了解风铃的结构特征，学会制作和装饰风铃。

2. 过程与方法：在运用绳线进行捆、绑、扎等精细活动中，提高学生的动手制作能力，养成耐心细致的学习习惯。

3. 情感态度价值观：在制作过程中，体验创造的乐趣，感受成功的喜悦。

五、教学重点和难点

重点：运用捆、绑、扎、剪、贴等方法进行造型设计制作。

难点：把风铃装饰成漂亮的艺术品，以美化居室、美化生活。

六、教学过程设计

新课改强调的教学过程是师生互动、共同发展的过程。因此，课前先让学生收集生活中能制作风铃的废旧物品，课堂上充分发挥教师为主导、学生为主体的作用，让学生真正成为学习的主人。

（一）情景导入

创设情境：小鸟飞来觅食，听到声音就飞走了。请同学们猜猜“是什么声音吓跑了小鸟”，在欢乐的气氛中引出课题。

[设计意图：通过创设一种“声临其境”的教学氛围，激发学生的学习欲望。]

（二）欣赏感知

首先课件展示各种款式的风铃，让学生欣赏后，选择自己最喜欢的风铃来说说“你为什么喜欢它”。鼓励学生大胆评价，激发学生的创作热情。然后在黑板上用不同颜色的卡纸贴出风铃结构图，让学生明确风铃是由主线、铃托、吊线、铃铛等部件组成的。

[设计意图：通过引导学生欣赏各种款式新颖的风铃，不断地增加学生的兴趣，有效地激发了学生的创作热情。]

（三）引导探究

让学生讨论交流：我们应该怎样制作风铃呢？引导学生归纳风铃的制作过程。

1. 选取材料。课件出示动画选材游戏，教师介绍游戏规则，师生互动共同完成。通过游戏来激发学生的学习兴趣，再出示图片小结制作铃铛的材料：一种是本身能发声的铃铛，一种是碰撞能发声的材料。接着让学生交流自己收集的材料（教师引导学生将材料大致分类），学生按同类材料自由组合小组。

2. 设计草图。鼓励学生发挥自己的想象力，设计形式多样、造型美观的风铃。

3. 制作部件。通过实物演示捆绑、扭转等技法，让学生更直观、形象地理解制作方法。

4. 组合造型。先让小组讨论：风铃的托柄有哪些不同的造型？发散学生思维，引导学生创作出造型别致的铃托。接着出示几种风铃的不同组合结构图，请学生猜猜风儿吹来，哪几种风铃会发出声音（课件配音），最后老师小结：碰撞能发声的材料要考虑铃铛之间的距离，可有序悬挂，如螺旋状、阶梯状均可。

5. 装饰风铃。用课件演示装饰过程。通过动画演示，突破难点。

[设计意图：美术教育家勒温费尔特说过：“儿童只要被给予充足的时间、帮助，获得与创造材料接触的机会，而不被强迫接受成人的模式和规范，那么每个儿童都能成为艺术创造的能手。”因此，通过发挥学生的主体作用，教

师引导学生主动探究风铃的制作方法，从而突破本课学习的重难点。]

（四）自主创作

首先向学生展示手工制作的风铃，让学生在欣赏中萌发创作的欲望。接着播放背景音乐，并出示作业要求：

1. 小组合作，共同设计制作一个风铃。

2. 运用已学过的装饰手法来美化风铃。

[设计意图：通过小组的交流与合作，让学生在美妙和谐的音乐情境中，创作出造型奇特、装饰美观的风铃，适时对学生进行安全和环保教育，并通过观摩、评价，来提高学生的审美能力。]

（五）知识拓展

先让学生说说“风铃给我们的生活带来哪些乐趣”，然后小结：风铃可以美化居室，美化生活（出示图片）。接着再出示图片并介绍，古代佛殿、宝塔等檐下悬挂的铃铛给人们带来吉祥如意，风铃还可以当作送给亲朋好友的节日礼物。（课件出示：在优美的音乐声中，请把你的祝福送给你最喜欢的人）

[设计意图：通过拓展知识，延伸主题，运用课程整合的理念对学生进行传统民族文化教育和思想品德教育，进一步促进了学生的美术能力和人文素养的整合发展。]

（六）体验感受

让学生把创作好的风铃分别挂在教室的铁线上，打开电风扇，吹动风铃，风铃在风中发出悦耳的声音，使学生感受成功的喜悦。

[设计意图：通过体验让学生进一步感受到创作的乐趣。]

七、教学小结与反思

本节课的设计，能以新课标理念为指导，课堂上充分发挥学生的积极性和主动性，努力引导学生收集材料，变废为宝。通过美术与音乐学科的整合，引导学生以合作的方式参与各种美术活动。采用开放式教学，让学生在观察、欣赏中感受美、体验美，在实践操作中表现美、创造美。学生学得开心，学得乐趣，在不断体验中艺术情感得以升华。

第三节　丰富课堂中的文化气息

美术课程应融入文化情境的学习中，成为文化学习的一个重要部分，通过美术教育提升学生审美和人文素养，从而促进学生全面发展，达到以美厚德、以美增智、以美健体的目标。

一、 立足学科本位， 创设文化情境

美术教师应立足学科本位，积极创设生动形象的文化情境，依托美术语言的讲解，涵养学生的人文精神，提升学生的文化素养。无论是“造型·表现”学习领域，“设计·运用”学习领域，还是“欣赏·评述”学习领域的课，教师都应该从课中涉及的美术语言结合教学内容进行讲解，并逐一列出，在教师的引导下，学生灵活运用课堂上学到的美术语言进行创作，评价自己或他人创作的作品，从认识美术语言的层面开始，逐渐达到理解与运用的层面。尤其是在“欣赏·评述”学习领域的课型中，教师更应注重学习方法的指导，步步深入地引导学生学会欣赏与评述的方法，从而不断丰富学生的艺术语言，挖掘学生的艺术潜力，培养学生的想象力和创造力。例如，于宏老师执教的六年级《我们即将毕业——看画展》一课。课前，于老师把美术作品陈列于画架上，先为学生营造了一个画展展厅的“文化情境”，并用多媒体课件为学生创设几个虚拟的“展厅”——一号展厅、二号展厅、三号展厅，让学生自己去发现、探索美术语言在美术作品中的作用，即让孩子明白看展览应该“看什么”“怎么看”。于老师引导学生在观众、导览员的身份转换过程中，学习从主题、色彩、造型、构图、文化背景等角度出发分析美术作品，使学生逐步掌握了运用美术语言欣赏与评述儿童美术作品的方法。本节课层层递进、环环相扣，再加上教师语言流畅、思路清晰，受到了全场的好评。特别是于老师的板书，简明扼要，具有较高逻辑性和概括性，和一些花花绿绿的板书相比，它的平淡无奇更加“出彩”，对“怎样看画展”这一教学重点的提示、归纳和总结更加明确有效。于老师以一只眼睛的造型来设计板书，将“构图、色彩、造型”三个词紧紧围绕“主题”构成眼睛的眼珠，眼珠的外面是“文化”二字，再一起构成一只眼睛，相信上完这节课，孩子们都收获了一份礼物，那就是于老师送给大家的一只懂得发现美、欣赏美的眼睛。

二、 教学方法多元， 注重智慧引领

在美术教学中，我们应经常采用情境创设、讨论探究、任务驱动、合作

交流等多元化的教学方法，力求激活学生的思维，注重激发学生的创意，鼓励学生发挥想象力，指导学生运用各种工具、媒材进行创作，使意向实体化，并有效表达情感与思想。例如，在《泥塑——千人千面》一课中，董老师没有使用任何课件，而是采用边示范边讲解的方式，将“小泥巴的梦”贯穿始终，引导学生塑造具有个性的人面头像，学生在老师的引领下创作出丰富多彩的作品。在《敦煌壁画》一课中，熊老师用大幅印刷的壁画，创设了敦煌壁画的情境，营造出壁画艺术的氛围。她在引导学生欣赏与评述壁画作品的基础上，提出了修复壁画的任务，学生现场体验修复工作，激发起保护世界文化遗产的责任感与使命感，学生学习积极性高，课堂氛围和谐融洽，取得良好的教学效果。

三、 媒体教具新颖，激发学习兴趣

在教学中多数老师都能精心制作精美的课件，既有静态的图片，也有动态的录像，尤其是运用动画手法剖析美术作品的视频，可以自如分解、组合、局部放大或缩小作品，在很大程度上为学生分析与理解美术作品提供了帮助，还有老师能运用平板电脑，利用美图秀秀软件，将学生创作的作品和学习过程搬上大屏幕。此外老师们还可以大量使用手工制作的教具，这些教具新颖独特，极大激发了学生美术学习的积极性，有效地帮助学生认识美术语言、掌握美术技能、理解美术作品，提高了教学效率。例如，在《美丽的色彩》一课中，马老师制作了带有可转动指针的色相环教具，通过色相环的演示，学生很快掌握了类似色与对比色的概念，为接下来的类似色同心圆与对比色同心圆的绘制打下了良好的基础。因此运用形象新颖的媒体教具可增强视觉冲击，激发美术学习兴趣，进一步丰富想象力和创造力，提升学生的创作水平。

四、 挖掘文化因素，丰富人文内涵

呈现一堂精彩的美术课，老师本身的专业能力很重要，深厚的文化素养更是必不可少。因此，美术课堂要关注文化，美术教师要具有丰富的文化知识，要立足美术学科，牢固树立文化育人的教育理念，培养学生对我国优秀美术传统的热爱，尊重并理解世界的多元文化。总之，美术课堂要关注文化，要让美术课更具文化品位，让美术课真正凸显立德树人的根本任务，落实文化育人的根本目标，就需要教师在备课时做足“预设”，课上关注“生成”，在教学中敢于创新，充分利用当地文化资源，根据教学内容，创设一定的文化情境，与学生积极互动，让美术课堂教学更加鲜活、生动。

第四节　构建教学中的审美情趣

美术教育具有人文性，美术学习对于培养学生感知美、理解美、表现美的能力，促进学生素养提升，培育学生审美情趣具有特殊的作用。在美术课堂教学中要关注图像识读、审美理解、美术表现等环节，以培养学生健康的审美情趣，提高课堂教学效率。

美术课程要注重引导学生参与到图像识读、审美交流与美术创作的过程中，不断培养学生的美术学习力，从而提升学生审美素养。因此，作为美术教师要注重创设审美情境，激发学生审美体验，巧妙引导审美表现，不断提升学生审美情趣。

一、　创设文化情境，　提升学生审美感知

审美情趣是以个人爱好的方式表现出来的审美倾向性，它来源于人的审美理想，又决定着人的审美标准。因此，美术教师要着力培养学生健康的审美情趣，增强学生的审美能力，包括审美感知能力、审美探究能力和审美创造能力。审美感知能力是学生进行审美体验及审美活动的基础，在美术教学过程中，教师应努力创设相应的教学情境，引导学生在广泛的文化情境中学习认知视觉形象，感受审美对象，提升学生的审美感知能力。在学生眼中，很多事物都充满着无限的生机，由于没有受到功利目的的影响和知识经验的束缚，对美的感知毫无顾虑，带有强烈的主观色彩。因此，美术教师要基于对学生审美感知的实际，营造有效的文化情境，以不断增强学生的审美情趣。如《弓鱼》一课，取材于地方文化特色，通过引导学生合理利用废旧纸质材料，并以版画的形式进行“弓鱼”的制作。在指导学生掌握弓鱼造型特点的基础上，剪出弓鱼的形状。同时对优秀传统文化进行深入地熏陶，学生对弓鱼这一艺术形象有了深刻的认识，再进行版画创作，便能使形象栩栩如生，

文化内涵丰富。又如《仙人掌》一课，通过认识仙人掌的外形、尝试画仙人掌、微课学习纸版画仙人掌的制作方法，创意表现纸版画仙人掌等几个教学环节，不断创设教学情境，在教学过程中又适时穿插点、线、形状、色彩等美术语言，使得学生有效地掌握纸版制作仙人掌的方法。学生在教师创设的文化情境中，很好地享受绘画的乐趣，从而不断增强他们的审美感知，更好地提升学生的美术素养。

二、注重自主体验，引导学生审美探究

在美术探究式学习中，美术老师要经常围绕“营造学习环境，丰富活动形式”“引导自主探究，拓宽探究渠道”“完善激励评价，诱发创作潜能”等三方面实施探究式课堂教学策略，对“感知——重知识轻体验”“过程——重形式轻主体”“评价——重认识轻情意”三个探究式课堂教学的误区要有明确的认识，并要定位好教师就是学生审美探究的引航员、促进者、辅助者，加强生生协同合作、师生互动探究。例如，张老师执教的一节数学渗透美术课《几何图形的魅力》。张老师以生活中的建筑图案导入新课，引发学生思考，谈谈自己所知的几何图形，在有效地了解学情的基础上，进一步引导学生观察图形中有哪些数学信息，继而追问哪些图形进行了平移、旋转，哪些图形是轴对称的，再引导学生用自己的语言尝试阐述平移、旋转、轴对称的定义，最后以百年校庆为情景，创设为校庆献礼设计图案的学习任务。整堂课以问题为导向，以任务为驱动，环环相扣，精彩纷呈，尤其是学生设计的习作及对习作设计意图的说明，让与会教师惊叹不已。因此在美术教学中要让学生主动思考，积极体验，不断形成个性化审美主张，从而有效地增强自身的审美能力。

三、巧用教学技巧，增强学生审美创造

学生在审美感知及审美探究后，都会有进行审美表达与审美创造的冲动及热情，以进一步展现审美的趣味性。这就需要在美术学习中，教师应巧妙地运用教学技巧，传授美术表达技能，指导学生学会运用美术语言进行自我表达，让学生得心应手地进行美术形象的创造及表现，从而实现对审美的理解及艺术素养的提升。因此，审美创造是在充分的审美感知及审美理解的基

础上，通过美术实践活动进行个性化的艺术表达，具有明显的主观性及创新性。如《家乡的古建筑》一课，教师先让学生分享交流课前搜集的家乡古建筑资料，让学生介绍身边熟悉的古建筑，加深对家乡古建筑的了解。接着让学生通过自主观察、分析、发现纸版画制作过程中可能出现的错误，并且规避可能出现的问题。然后通过播放城市宣传片，让学生从心底迸发出对家乡的热爱及自豪之情。这时，学生对家乡古建筑的文化内涵及构造特征已有深入的理解，老师再指导学生运用自己擅长的美术技能进行创作表现，学生个个跃跃欲试，纷纷大胆尝试运用各种表现手法，进行美术表现与创作，最后学生呈现的作业千姿百态、形式多样、趣味性强。

又如《保护珍稀野生动物》一课，美术教师更注重美术表现方法的指导，让学生进行审美表达游刃有余。首先是从兴趣出发，关注学生需求，运用现代信息技术，借助电子书包投票统计功能，请学生根据所带材料在电子书包中勾选适合并感兴趣的宣传方式：学习小报、宣传画册、海报等。教师根据学生电子书包的选择率进行指导，并将各种宣传制作技巧分享给学生，由学生根据自己的选择点选学习。例如，学习小报：主题突出，有刊头，有标题，图文并茂，以文为主；海报：主题突出、色彩鲜艳、图文并茂，以图为主，文字简洁；宣传画册：主题突出、封面封底、多页、图文并茂，内容丰富。同时，提供给学生优秀的保护珍稀野生动物的学习小报、海报等作品资源库，引导学生自主欣赏、了解制作技巧。最后进行小组实践与创作，要求小组成员用合作的方式完成“保护珍稀野生动物”宣传作品，学生在教师的指导下，所创作的作品生动有趣，很好地表达了自身的审美情感。

总之，在核心素养时期的美术课堂教学中，为了增强美术学科的育人功能，提高课堂教学的效率，教师应通过创设丰富的文化情境，提升学生图像识读能力，积极鼓励学生进行审美体验，引导学生形成正确的审美观，指导学生美术表现技能，增强学生创作能力，不断提升学生的美术学科核心素养，从而更好地促进学生全面发展。

【教学案例】

《留住秋天》教学设计

关键词：欣赏美　观察美　创作美　评价美

背景介绍：

《留住秋天》是湘版义务教育课程标准实验教科书三年级上册的一节手工拼贴创作课。内容是引导学生观察了解秋林秋叶之形色，感受秋天的美丽，通过对范品、图片进行概括分析，抓住落叶的特点大胆想象并进行美的再创造，拼贴出自己喜爱并有个性的手工作品。

教学理念：

本课在教学设计上遵循《美术课程标准》的精神，做到以下几点：

1. 注重对学生的观察探究的培养，把课内外知识相结合，充分调动学生的主观能动性。

2. 注重学生的全员参与，真正把学生当成课堂的主人，给学生说、做、画、评的空间。

3. 注重学科整合，整节课融入了语文、科学、音乐等学科的内容，突出了综合性。

4. 注重把“美”贯穿整节课，通过对美的观察、美的发现，发展到对美的表现和创造。教师的板书设计、范画和课件的制作也努力做到“美”，让学生不仅从视觉上更是从听觉上感受到秋的“美”。

课业类别：手工拼贴创作课

教学目标：

1. 利用大自然环境资源，初步了解秋天的特征与变化，进行秋天的感受和欣赏。

2. 学习利用落叶拼贴，进行美的再创作。

3. 增强学生对自然生态资源的保护意识，将美丽的秋天留在心中。

教具准备：树叶、固体胶、彩色笔、范画、课件

学具准备：树叶、固体胶、彩色笔

教学过程：

一、诗歌导入——秋的声音

老师最近读了一首诗歌，想和大家一起分享，愿意听吗？

“听听，秋的声音，大树抖抖手臂，刷刷，是黄叶道别的话音。

听听，秋的声音，蟋蟀振动翅膀，蛐蛐，是和阳台告别的歌韵。

一排排大雁追上白云，撒下一阵暖暖的叮咛。

一阵阵秋风掠过田野，送来一片丰收的歌吟。

听听，走进秋，走进这绿色的音乐厅，你好好地去听秋的声音。

秋的声音，

在每一片叶子里，在每一朵花里。

在每一滴汗水里，在每一颗绽开的谷粒里。

听听，秋的声音，从远方匆匆的来，向远方匆匆的去。

听听，我们听到了秋的声音。”

1. 小结：这是诗人毕国瑛对秋天的感受，现在正值金秋，谁来说说你对秋天的感受？

2. 总结：是的，秋天给我们的印象是丰富多彩的，秋天不仅有美妙动听的声音，还有五彩缤纷的颜色，现在，让我们一起来领略秋天的魅力！

二、欣赏感悟——秋的颜色

秋天是收获的季节，也是最美的季节，漫山遍野，层林尽染。秋天的阳光下，殷红的，翠绿的，橙黄的，金灿灿的……各色树叶仿佛透明一般，格外的艳丽，一片片，一树树招人喜爱。金秋的缤纷，让人赏心悦目，心旷神怡，更让人有一种想去飞翔、想去歌唱的愉悦！

1. 谁能用最美的词语来概括刚才看到的秋天的美景？

2. 秋天的确是绚丽多姿、色彩斑斓，可是秋天的美景正如昙花一现，“刷刷”黄叶和大树就说“拜拜”了，你们知道为什么到了秋天，树叶会落下来吗？

3. （渗透自然知识）到了秋天，降水会逐渐变少，空气、土壤中的水分也会减少因而变得干燥，而树叶又会蒸发掉许许多多的水分，大树为了保存自己的生命，不得不褪掉树叶道声“拜拜”，以保存仅有的水分不被蒸发，到明年春雨绵绵的季节长出更嫩绿的树叶。

4. 同学们，有哪些方法可以把秋天的多姿多彩留住呢？（照相、写作文……）

5. 小结：是的，当我们踏着满地堆积的缤纷的落叶总觉得可惜时，何不“留得残荷听雨声，拾得落叶留秋景”呢？

板书：留住秋天

三、示范巩固——了解方法

今天，我们就用捡来的落叶贴画吧！老师也捡来几片树叶，你们看是什么形状的？（对了，是卵形叶、掌形叶，你们还有一些什么形状的树叶?）可老师该怎么一步一步地贴画呢？小组讨论，谁来说一说！

1. 慢慢说，我按照你的方法来做一做（想）……同学们帮我想想，掌形叶像什么？卵形叶像什么？……（你们的想象力真丰富）就按照有些同学的建议，我来贴条金鱼。

2. 第二步呢？好，我来拼一拼，摆一摆，（在这里，要注意最好考虑一下颜色的搭配，我用黄色的身子、绿色的尾巴、大小树叶、叶子的正反面……）再修剪掉多余的部分，好！我把叶柄剪掉更合适！

3. 认为满意就用固体胶粘牢固！

小结：好了！我的金黄色就不贴了，现在我想再请一位同学将这个步骤说一遍。

边说老师边板书：1. 构思　2. 拼贴　3. 修剪　4. 粘贴

四、欣赏范作——拓宽思路

1. 让我们再来欣赏其他学校同学们的作品吧！（展示其他学校同学的作品）你最欣赏哪一幅，为什么？谁来评价一下？

2. 小结：他们的作业都十分大胆地进行了创作，但同时我认为还有一点不足，你们发现了没有？……是的，最后一步我们应该运用添画环境的方法进行添画。

3. 示范金鱼：如果你有合适的树叶，可以当成添加环境的部分，如果没有，可以用彩色笔进行添画。（示范做两张）

五、作业评价——互帮互助

1. 小组推荐出一幅你们认为最满意的作品！并说出为什么？

2. 还有哪一位同学愿意毛遂自荐？

3. 把你们的作业举起来互相学习！

六、课堂小结——秋景升华

寒风凛凛的冬天就要来临了，五彩缤纷的秋景将渐渐退出大自然的舞台，但我们已不再遗憾，因为我们用双手留住了美丽，让秋天的美好永驻我们的心间！

《留住秋天》教学反思

《留住秋天》是湘版义务教育课程标准实验教材小学美术第五册第七课的内容。

本节课主要分成以下几个方面来完成：

一是利用学生语文课里学过的知识激发学生兴趣，导入课堂学习；二是通过欣赏秋天的美景渗透自然知识，揭示课题；三是通过教师示范，引导学生学习制作方法；四是通过学生创作，培养学生动手能力；五是通过师生评价，互相学习；六是总结全课，在升华中结束。

总体来说，本节课的教学目标按计划完成，师生在教学中关系融洽，及时展开互动，学生在比较轻松的环境中学习。主要表现在以下几个方面：

一、注重对学生学习兴趣的激发

伟大的科学家爱因斯坦说过："兴趣是最好的老师。"只有是学生感兴趣的东西，他才能产生强烈的求知欲望。美术课应特别重视对学生兴趣的激发与培养，并把它贯穿整个课堂。在本节课的一开始，我从学生在语文课上学过的知识入手，通过诵读秋的诗句，唤起学生的回忆。学生在语文与美术学科之间联系的惊奇中表现了自己的语文能力，心情是愉悦的，学习的兴趣自然也就有了。

激发学生兴趣的方式还可以多种多样，如故事、游戏、精美的图片、教师的肢体语言、电视录像、多媒体、校内外结合等，只要恰当地运用，就可以较好地调动学生学习的兴趣。

二、注重以审美为主线贯穿全课

美术教育的主要功能之一是陶冶学生的情操，提高审美能力。因此，整个教学活动都要以审美为主线联系起来。在本节课中，我从四个方面来突出：一是观察秋景欣赏美，二是师生互动发现美，三是自己动手创作美，四是展示交流评价美。这也是美术课的四大基本环节。

三、注重体现学科之间的融合渗透

美术教育家尹少淳说过："美术是最具有人性意味和最具综合性质的人类活动。"新课程标准取消了学科间的界限，要求对知识技能的学习同艺术能力和人文素养的提高进行有机结合，要求本学科要与众多的学科相互渗透，以创造广泛的文化情境，培养学生的情感，激发学生的兴趣，使学生获得综合性知识。在本节课中，我融入了语文、科学、音乐等学科的内容，在不失美术学科特点的情况下，加强对学生美术学习的综合性和人文性的渗透与训练。

一是在课的开始部分，结合《秋的声音》，让学生回忆秋天的特征，从语言描述、概括能力等方面训练学生的语文能力。二是在学生欣赏了秋天的美景之后，我问："你们知道为什么到了秋天，树叶会落下来吗?"从而渗透科学学科的知识，让学生了解大自然变化的规律。学生如果能回答，就让他们说，答不上时，老师就直接讲解原因。三是在学生欣赏课件和创作的过程中加入音乐，让学生不仅从视觉上欣赏到秋天的美，还从听觉方面感受秋天的美。

四、注重开展多元化的评价

美术课程评价是为了帮助学生了解自己的学习能力和水平，鼓励学生根据自己的特点提高学习美术的兴趣和能力，从而促进学生全面发展，同时改进教师的教学。在本节课里，我让学生毛遂自荐，评价自己的作品，评价他人的作品，结合教师的评价，充分肯定学生的进步和发展，并使学生明确需要克服的弱点和发展方向。评价多以肯定为主，采取多元化的评价方式。在平常的教学中，还可以采取座谈、评语等方式。

教育是一门遗憾的艺术，没有最好，只有更好。在本节课中，还存在着诸多的不足，例如课的开放性不够，在学习树叶贴的方法时可以先放手让学生自己动手尝试，教师再根据反馈作提示；开课部分学生参与积极性不够高，课堂略显沉闷；在评价中还不够全面，如学生的课堂学习习惯、对美术的感受涉及比较欠缺；在课件的制作上还不够精美；对学生创新能力的培养上指导还有待提高。

第三章 儿童美术教学的文化理解

文化中的知识内核包含深层次的价值观念、思想和行为方式，儿童美术教学要充分发掘文化内涵，着眼于全面提高学生的人文素养和审美情趣。依托观察、体验、实践，着力培养儿童感知美、欣赏美、表现美的能力。同时要依据美术学科的特点及美术学习的特点，吸取优秀的传统文化，融入时代发展的新元素，通过美术这个载体，不断创新、充实文化底蕴，发挥美术教学在弘扬文化、塑造人格方面的作用。其在目标维度上指向儿童人格完善，在内容维度上指向所有美术活动，在方法维度上指向文化传承与理解。以美术课堂教学为主阵地，依据儿童心理，通过图像识读、美术表现、审美判断、创意实践等活动，是实现儿童美术教学文化理解的基本途径。

第一节 儿童美术教学的文化意蕴

在实施儿童美术教学的过程中，要让学生充分认识到美术学习不仅仅是美术技能的学习，更应是一种文化的学习。学生在广泛的文化情境中学习美术，并通过对美术的感受和体验，进而参与文化的传承、表达和创造，塑造生命之美。

文化是人类物质财富和精神财富的总和。基于文化的视角看待儿童美术学习，让儿童美术课堂充满浓浓的文化味，让儿童美术教育富有浓厚的文化气息。

美术既是文化的载体，自身也是文化的一种类型，把美术学习视为一种文化学习，让学生在广泛的文化情境中理解美术，认识美术的特征、美术表现的多样性以及美术对社会生活的独特贡献，并通过对美术的学习，感受和接受文化的影响。

儿童美术教学的文化理解是指在引导儿童美术学习过程中通过图像识读、美术表现、审美判断和创意实践等美术活动，对儿童进行文化知识的渗透，促进儿童的文化认同，从而提升儿童审美和人文素养，使儿童建构起具有时代性和创造性的文化精神。

第二节 指向文化的儿童美术有效教学

小学美术教育是实施素质教育的重要组成部分，它对培养儿童的综合素质和创新能力起着不可低估的作用。而课堂教学是学校实施素质教育的主要途径，是进行文化传承的主要渠道。传统的儿童美术教学是一种你讲我听的“灌输式”和“培训式”的活动，一味地让儿童进行临摹写生，儿童只能被动机械地再现，很少有自由发挥的余地。课堂教学大多简单得只剩下教师讲解作业要求、学生自己作业这两个环节而已。学生在课堂上是有足够的时间完成任务，但没有任何的情感体验，没有任何的创造想象，更谈不上文化传承，只是千篇一律地完成作业而已。为了能省时又有效地开展课堂教学，促进文化传承，我尝试了多种行之有效的教学方法。

一、激发学习兴趣，提高课堂教学的有效性

美术课程标准指出：“兴趣是学习美术的基本动力之一。”兴趣对儿童来说是学习的主要动力，而好奇是兴趣的先导，没有好奇的心理活动就不会产生兴趣。因此，课堂上就应该使孩子们对所接受的新知识产生强烈的好奇心。我在课堂上尽量依据教材，结合实际选用适合他们的鲜美事物，采用多种教学方式与手段，诱发学生强烈的好奇心，活跃课堂气氛。如情境的创设、材质的变化、多媒体的运用，使学生的多种器官参与美术课堂学习，充分调动他们学习的积极性，激发他们对美术的学习兴趣。只有这样，学生才能积极参与美术学习。

例如，《有趣的拓印》一课。我拿起事先准备的小树叶、白纸、铅笔，问学生：“你们可以在这张白纸上很快画出这片漂亮的小树叶吗？”有很多学生举起了小手，我请了几名学生上来画，他们有的拿起铅笔照着画，也有的把

树叶放在纸上沿着树叶的轮廓画，我引导学生点评之后再问：“想看老师变魔术吗?”学生大声说：“想!”我便开始“变魔术”——拓印树叶，学生特别兴奋，兴趣盎然，把最初的“感兴趣”提升为“探索秘密的兴趣”，为后面学生自主探索学习打下基础。接着再让学生带着兴趣去发现秘密——拓印，大胆尝试学习拓印并从中体验乐趣。在拓印活动中，我也不直接告诉学生应该怎样拓印，让学生自己动手操作，在操作中自我体验，发现问题，通过交流、体验，找到正确的拓印方法，同时在感受实物纹理特征时，也由学生动手触摸、比较后说出来，学生直接体验到了实物纹理所具有的立体感、浮雕感。在有趣的引导下，学生插上了想象的翅膀，不断去创造，最终体会到了成功拓印的喜悦，享受学习的乐趣。在整个活动中，孩子们学得轻松，玩得愉快，创作了一幅又一幅生动有趣的作品，课堂成为了孩子们的乐园。

二、注重合作学习，提高课堂教学的有效性

美术教师如何开展合作学习，提高美术教学的有效性，促进学生在美术学习中进行文化理解呢？通过实践，我认为有以下几点：

1. 组建合作小组。

实践证明，简单随意的分组必然影响合作学习的质量。教师可以按照“组内异质，组间同质”的原则来分组，每组的学生在学习能力、组织能力、性别、个性、兴趣、特长等方面合理搭配，以此来保证组内成员间的差异性、互补性和组间竞争的公平性。在具体的教学过程中，可根据学生的特长分成四大组，每大组又分为若干小组。在教学活动中，根据合作学习的内容来确定合作的组别。

2. 营造合作环境。

一些老师对于合作学习有一种“害怕”心理，担心在合作讨论过程中课堂放了不易收回来，所以教学中不轻易甚至不敢组织学生合作学习。对于这一点，首先要消除担心心理，在消除担心心理后，可以从小问题着手，从小小组合作开始逐步介入合作学习，从二人到四人再到七八人甚至更多人的合作，在实践中提升合作的质量，逐渐形成规范的、生动的小组合作学习。

3. 确立合作形式。

在美术课堂教学中，不同的内容所需要交流合作的人数是不同的。这时，

我们可以根据教学内容的需要确定合作学习的形式，是小组合作还是大组合作，是采用生生合作还是师生合作等等。

4. 协调合作过程。

在合作学习中，教师不能放任自流地让学生展开讨论，合作的过程需要教师的正确组织、指导与协调。要做学生的“参谋”，不做“管家”；要多激励，少否定。

三、运用探究学习，提高课堂教学的有效性

探究性学习，即“学生在学科领域或现实生活的情境中，通过发现问题、调查研究、动手操作、表达与交流等探究性活动，获得知识、技能和态度的学习过程”。由于长期受应试教育的影响，我国的探究性学习整体水平还不高，就连小学美术这种强调动手操作的技能课，也在实行着“灌输式”教学，导致学生作品出现缺乏童趣、缺乏想象、成人气息过浓等一系列问题。然而新课改的春风打破了这个僵局，新课程理念赋予美术课程更新更丰富的价值内涵，并把美术课程从传统的知识技能教学为主的偏见中解放出来，转向注重美术与社会、美术与自然以及同其他学科之间的联系，引导学生在广泛的文化情境中主动探究学习美术，并进行文化的传承与交流；注重培养学生的个性与创新意识，发展学生思维的流畅性、灵活性和独特性，并重视实践能力的培养，使学生具有将创新观念转化为具体成果的能力。

四、注重多元评价，提高课堂教学的有效性

随着新课程改革的深入，新的教学评价改变了以往只重结果不重过程，只重教师不重学生的教育观念。我们可以采用师生互评，生生互评等多元的评价手段，这样有助于学生自主意识的培养。尤其应该注意到学生的自我评价，引导学生通过一堂课的活动，对自己的表现进行自我评价，从自身的发展需要出发，主动找出自身的不足之处。

如在《新颖的名片》一课中，当学生做完名片后，教师不仅要求学生把自己的名片与同学交换，还要求学生对照自己的作品情况，摘取相应的星星（创意星、巧手星、设计星），并说一说为什么摘取这颗星。有的学生说：“我摘取了创意星，因为我觉得我的设计很有创意，用了绘画形式来表现。”有的

学生说："我觉得我做的名片很精致，所以我摘取了巧手星。"在自我评价中弱化了评价的甄别与选拔，激发了学生学习美术的兴趣，从真正意义上促进了学生的发展，让学生体验到成功的乐趣。

总之，我们要以尽可能少的时间、精力和物力投入，取得尽可能多的教学效果，从而实现美术学科教育肩负的教学目标。美术教学活动始终要让学生有一种期待，有一种耳目一新的感觉，有一种无法抗拒的吸引，那么这肯定是一种十分有效的教学。

第三节　儿童美术文化理解的教学实践

美术是文化的产物，是人类文化的一个重要组成部分。学习和了解人类文化离不开美术，通过美术学习也可以更好地了解文化，促进文化的发展。因此，在美术课堂中应通过审美感知、审美鉴赏、审美创造，增强审美本领，提升文化理解。

一、 图像识读：美术文化的视觉感知

通过感知、理解、品赏视觉形象，感受图像的造型、色彩、材质、肌理等形式特征，以阅读、思考和讨论等方式，认识与解读图像的意图、涵义以及表达的情感、态度、价值等。同时从维度、材料、技法、风格及发展脉络等方面了解图像的文化背景，认识图像在学习、生活中的价值和作用。在美术图像识读中认识文化，通过分辨、判断、选择和解读视觉形象，获取文化信息，产生文化认同。

1. 形象感知，挖掘美术作品的文化内涵。

优秀的美术作品具有丰富的文化意蕴及人文特性，在美术教学中要紧紧围绕视觉图像识读，让学生感知文化精髓，体验优秀文化的内涵特征，才能为传承优秀传统文化打下坚实的基础。如在教学《藏书票》一课时，通过视频播放有关藏书票的知识，了解最早使用藏书票的中国人——关祖章，以及目前中国价值最高的藏书票——叶灵凤藏书票，充分认识藏书票的文化内涵，探析"刺猬"和"天使"藏书票等世界上最早的藏书票的文化涵义，再让学生谈谈藏书票带给自己的感受与收获，使学生感受到藏书票这一精致标志，

能令一本书与众不同，由爱书而藏书，由藏书而喜欢藏书票，从而激发起制作藏书票的兴趣。

2. 拓宽视野，开发优秀文化的美术元素。

传统文化中具有丰富的美术教育元素，教学时可以开发优秀文化中的美术资源，拓宽儿童美术创作视野，以进一步认识和表达优秀传统文化。如《木偶变卡通》一课，木偶戏是中国优秀的民间文化艺术，而现代的孩子所生活的环境是一个充斥着卡通的时代，电视上播放着大量的卡通剧，生活中到处都有卡通形象的图片，对于木偶，现在的孩子知之甚少。所以在美术教学中，通过让孩子认识木偶的文化精髓，感知木偶的文化形象，再通过寻找木偶和卡通的联系，学生主动地查询资料，同时结合录像、视频，了解木偶戏的表演形式、木偶的制作方法，并且学做简单的提线木偶或布袋木偶，从而对这一传统的民间艺术有系统的了解。在设计制作木偶形象时，可结合当代学生的实际生活，以学生喜闻乐见的卡通形象来设计造型，这完全符合学生的兴趣，也顺应了时代的发展。

二、 美术表现：文化认识的自我表达

一个民族的传统文化如果不加以创新变革，就没有生命力，也就无法与当代社会相适应。在美术教学中要引导学生采用美术方式对文化现象进行自我表达，使传统文化恢复活力，利用美术手段大胆进行创新表现，使文化生生不息，世代绵延。

1. 临摹学习。在美术教学中通过临摹优秀民间艺术作品，如农民画、剪纸等，让学生亲身体验民间艺术创作过程的构思、构图、造型、制作、设色等，从美术实践中体味民间艺术构思的独特、构图的丰富、造型的夸张、色彩的强烈、线条的粗犷等。例如在教学《名画中的线条》时，通过欣赏名家从生活中寻找并运用到绘画中的线条，认识这些名画运用了哪些线条、有什么特点、表现了什么样的情景。如《八十七神仙卷》线条曲直、粗细、舒缓，体现神仙衣服随风飘扬的感觉；《放牧图》线条粗而短，体现了奔马的骠勇与力度；《女像》线条疏朗、简洁，多采用曲线造型，表现画家当时心情的平和与恬静。通过指导学生临摹，让学生体验线条的丰富表现力，感受民间文化的多姿多彩。

2. 创作融入。对文化认知后进行美术创作是一种重要的艺术形式，是丰富儿童文化生活的一种重要的艺术手段，美术创作应结合传统的文化背景，体现出富有童趣的文化意境。同时，在绘画创作中融入传统文化的元素，让儿童在积淀了文化知识的基础上，通过移情、变化、重组等手法进行一系列美术创新。在材料和技法的运用上，尽量降低难度，如将传统的木版雕刻印制，变成用现代材料吹塑纸制线板，用水彩纸代替原来的粉笺纸手工绘制。在图案装饰上，将窗花、刺绣等生活中的常见图案融入自己的美术创作。在画面布局上，采取儿童喜闻乐见的创作形式。在人物造型上，更多地体现儿童质朴、夸张、大胆的造型特点。在内容选择上，更多的是表现孩子们熟悉的儿童生活题材。孩子们在不断吸取优秀传统文化营养的基础上，大胆创新表现形式，让画面更具童真和活力。

三、 审美判断：文化形象的深度理解

艺术审美是美术学习的一扇窗，它是打开学生心灵的花朵，是对艺术作品进行深度理解的过程。

1. 审美引领，开阔儿童的文化视野。

在美术欣赏教学中，通过引导儿童品析不同文化背景和题材的艺术作品，进行多角度的审美欣赏，深入了解社会生活和人文内涵。它有助于开阔儿童的文化视野，扩大儿童的知识面，提升儿童人文素养。如《走进民间美术》一课，通过了解民间优秀美术作品，认识民间优秀文化，既开阔儿童的视野，也为儿童理解民间文化艺术打下了基础。在教学活动中，通过引导儿童欣赏作品生动有力的线条及趣味盎然的造型特征，使儿童不仅获得了丰富的审美体验，而且加深了对优秀民间文化的了解。

2. 审美体验，促进儿童的文化认同。

儿童通过对视觉图像作品的审美认知，对线条、形状和色彩的体验感受，围绕作品的意象和情感展开丰富的想象。同时透过作品猜测画家心境和个性特点，以及给作品起名字等，有利于发展儿童想象力和创造能力。如《留住秋天》一课，首先引导学生观察了解秋林秋叶之形色，感受秋天的美丽，然后通过对范品、图片进行概括分析，同时在欣赏时充分发挥想象力，创造性地表述自己对图像作品的理解，最后抓住落叶的特点大胆想象并进行美的再

创造，拼贴出自己喜爱并有个性的手工作品。在教学时注重把“美”贯穿整节课，通过对美的观察、美的发现，进行美的想象从而发展到对美的表现和创造，让学生充分地从视觉上感受到秋的“美”。

3. 审美创新，增强儿童的文化表达。

在对优秀艺术作品进行品析欣赏时，指导儿童运用自身审美经验，认识艺术作品的线条、造型、色彩、肌理等元素，表达自己的理解和感受，同时运用美术语言进行自由创作。如《花团锦簇》一课，以“花”为题，通过“品赏纸花——制作纸花——包装纸花——赠送纸花”等主要线索，让学生联系生活实际，进行纸花的造型设计与制作，引导学生将花朵形象变化丰富，造型逼真，装饰性强。

四、创意实践：多元文化的协同创新

开展美术实践活动能陶冶学生的审美情操，增强学生的审美情趣，提高学生审美创新能力。传统文化中的优秀作品内涵十分丰富，通过挖掘作品内涵进行美术创意实践活动，有利于文化传承与创新。如在标志设计中通过融入民间艺术，既促进世界多元文化交流，同时有利于建立文化自信。例如教学《中国印·舞动的北京》一课。首先对奥运会标进行分析，再让学生联系生活中的其他一些同类的作品，这时学生会发现，在现实生活中将传统文化理念与现代设计相结合的例子实在是太多了，如：国徽、奥运奖牌、奥运福娃、奥运纪念币，甚至奥运比赛场馆等，都能让我们体会到传统文化的智慧融入设计创作中。然后，让学生也来尝试着运用这样一种设计理念来设计一枚“学校运动会”标志。这样，学生的创新能力增强了，实践水平也相应提高了。

总之，在儿童美术教学中可以更深刻地让孩子理解和传承优秀文化，感受优秀文化的内涵意蕴，并对优秀文化进行自我表达和自由创作。学生的情感在美术学习中得到升华，在美术创作中受到启迪，在文化理解上得到建构。

【教学案例】

《风景刻纸》教学设计

课型：工艺课

年级：五年级第十册

课时：一课时

教学目的：

1. 学习制作风景刻纸的方法。

2. 使学生接受传统民间艺术的熏陶，提高审美能力。

3. 培养学生的创造精神及动脑动手能力。

教具准备：风景欣赏课件，风景刻纸若干，刻刀、垫板、蜡光纸、胶水等。

学具准备：刻刀、垫板、蜡光纸、胶水等。

教学重点：构图要求造型简洁、装饰性强。

教学难点：风景刻纸的剪刻过程。

教学过程：

一、组织教学

（检查学习用品）

二、导入新课

1. 上课之前先请同学们欣赏几幅风景图片（播放课件）。

2. 初步欣赏风景刻纸作品。

刚才同学们欣赏了一些情景优美的风景图片。如果用刻纸的艺术形式把这些美丽的风景表现出来，那将会是另外一番情趣。

现在请同学们欣赏一下黑板上的风景刻纸作品，并说说它们是用什么材料怎样制作而成的。

3. 教师小结。

刻纸艺术起源于民间，有着悠久的历史，与民风民俗、传统节日关系密切，体现了劳动人民对美好生活的向往和追求。

今天，就让我们一起来了解和学习这门艺术的设计和制作方法吧！

板书：风景（刻纸）

三、讲授新课

1. 引导学生欣赏刻纸作品。

请同学们跟随老师一同走进刻纸艺术的小天地，去领略一下刻纸艺术的风采吧！

(1) 这些刻纸作品漂亮吗?

(2) 什么地方漂亮?你知道它是怎么制作而成的吗?

2. 学习设计和制作方法。

从黑板上的这些刻纸作品我们可以发现，风景刻纸的技法包括两个方面:

(1) 构图。请同学们互相讨论交流一下，想一想刻纸艺术的构图有什么特点?

刻纸艺术的构图具有很强的装饰性和夸张性，既应用了装饰绘画的构图方法，又充分显现刻纸艺术自身的表现规律，把真实性和装饰性统一起来。在造型设计上也很讲究简洁。

(板书) 构图：造型简洁、装饰性强

(2) 剪刻。风景刻纸与剪纸作品的表现方法一样，也分阳刻和阴刻两种。它主要是运用刻刀加工而成。

(板书) 剪刻：阳刻、阴刻

3. 启发想象，分组讨论。

你想怎样制作一幅漂亮的风景刻纸呢?请同学们互相讨论一下，等下老师请几位同学谈谈自己的想法。

4. 刻制指导。(边讲边示范)

今天的作业要求是运用手中的各种颜色的蜡光纸完成一幅刻纸作品。现在先请大家看看老师是怎么制作的。

(1) 构图：用铅笔打稿定位，画出自己想画的内容。造型要简练、概括，有些地方可用夸张的方法来处理，不要过分强调与真实物体的酷肖，这样画面才具有装饰味道，才更有情趣。

(2) 剪刻：刻的时候，刻刀要持正，引刀要稳定有力，不要左右摆动，不要出现虚刀，不要留连角，最好一次刻透，剪刻过程不能随便揭离，刻的时候要大胆而细心。

5. 分组举行比赛。(放轻松音乐)

现在请同学们根据讲解的方法与步骤制作一幅风景刻纸。全班的同学分成 9 个组，每组 6 位同学，由这 6 位同学共同完成一幅作品。

6. 作品观摩与讲评。

作品完成之后，请各组代表上台说说作品的创意，同时评出优秀作品，送给后面的评委老师作纪念。

小结：同学们在制作过程中表现得很好，祝愿同学们在今后的学习过程中，能为我们的生活创作出更多精美的艺术品！

板 书 设 计

风景刻纸			
构图：造型简洁、装饰性强	范图 1	范图 2	范图 3
剪刻：阳刻、阴刻	范图 4	范图 5	范图 6

《风景刻纸》教学反思

《风景刻纸》一课的教学在注重提高儿童的审美素质、陶冶情操、美化生活的同时，还能紧紧地抓住儿童的生理和心理特点，努力培养儿童的动手动脑能力和创造美的能力，让学生在轻松愉快的气氛中掌握所学的知识和技能，生动活泼，情趣盎然。而且，通过合作探究学习，增强了学生学习的兴趣，进一步体现团队协作精神。综观全课，有以下六个特点。

1. 直观地从儿童身边的生活场景入手，通过实景与刻纸作品的对比导入，贴近儿童的生活，亲切自然。

2. 讲练与欣赏有机渗透，通过欣赏给儿童强烈的艺术感染和美的享受，极大地调动了他们的学习兴趣，激发了他们的好奇心和求知欲。

3. 在启发想象的过程中，以鼓励为手段，充分发挥儿童的创造力，有利于调动学生求异创新的主动性。

4. 注重面向全体学生，遵循儿童的认知规律，审时度势设计问题突破难点，匠心独运，取得良好的效果。

5. 电教媒体的运用，进一步加深了儿童的感性认识，同时创设了一定的文化氛围，构建了浓郁的文化学习情境。

6. 通过比赛不仅可以创造学习气氛，而且能大大增强学生的创作欲和表现欲，提高了课堂质量。

第四章　人文视角下的“真趣”美术课堂

美术教育应为儿童生命成长服务，构建“真趣”的美术课堂有利于重塑儿童生命之美。“真趣”美术课堂是教师通过创设本真的美术课堂环境，营造富有情趣的美术课堂氛围，从而提高课堂效率和美术教育效果，培养儿童的审美情趣，提高儿童审美品质与能力。儿童生命美学主张以审美的眼光认识生命之本真，从生命出发理解美学之情趣。通过对“真趣”美术课堂的价值审视、审美追求、实施策略等方面，阐述人文视角下的儿童生命审美的建构方式与思考，以期陶冶儿童审美情操，构建儿童生命之美。

当前教育正从三维目标走向核心素养时期，教育的内涵更趋丰富。在学校美术课堂教学中，教师应以学生为本位，让学生接受“真趣”的审美教育。潘知常在《生命美学》一书中指出：“生命美学是以人类的自身生命作为现代视界的美学。”生命美学论认为：“审美活动是一种充分自由的生命活动，一种人类最高的生命存在方式，它是一种具体、直接的生命体验。”也就是说，在生命美学看来，审美活动是一种特殊的价值活动、意义活动，它是人类生命活动的根本需要，也是人类生命活动的根本需要的满足。儿童生命成长离不开美的熏陶，教师通过营造自主、宽松的美育环境，构建“真趣”美术课堂，让儿童产生一种真实的生命体验，进行有趣的审美活动，从而促进师生共同成长。构建“真趣”美术课堂，既让学生风趣地学习，快乐地成长，形成健全的人格和审美情趣，也让学生获得持续发展必备的美术知识和技能，获得走向未来关键的审美能力和审美本领。

第一节　“真趣”儿童美术课堂的价值审视

美术教育是学校教育的重要组成部分，它是使学生掌握必要的美术知识与技能、培养正确的审美观念与素养的教育。儿童生命美学关注儿童生命活动的自身意义和价值，主张通过美术教育手段培养学生的道德品质、审美能力、认知水平等，包括图像识读能力、审美判断能力和美术表现能力等三大关键能力，也包括价值引领、创意思维、人文品性等三大必备品格。

一、概念内涵

“真趣”取本真、情趣之意，即通过构建充满儿童本真、富有儿童情趣的美术课堂，对学生进行审美教育，提高学生审美和人文素养，培育学生生命之美。“真趣”课堂中的“真”就是儿童的本真，指向树人，是指“美术学科本质观”，意为寻求美术知识技能之真，培育学生关键的审美能力，形成求真的科学意识；“趣”就是儿童的情趣，指向立德，是指“美术学科教育观”，意为增强审美情感灵动之趣，锻造学生必备的审美品格，涵养真趣的人文精神。

二、内在特质

1. 本真。儿童美术教育首先要追寻课堂的本真，即美术教育环境资源、教学目标、师生互动、教学过程的本真，摒弃虚假造作的课堂，使学生真正成为美术课堂学习的主人，将课堂打造成学生美术知识享受的园地。同时要求教师通过创设真实性美术教学情境，让学生生成真实性美术学习任务，深入引导学生进行课堂美术学习活动。

2. 情趣。朱光潜说：“我坚信情感比理智重要，要洗刷人心，并非几句道德家言所可了事，一定要从‘怡情养性’做起。”因此，美术教学内容的选择要生动有趣，课堂教学中师生的互动要富有情趣，在不断提高课堂效率中优化学习方式，使课堂更宽松、民主、和谐，从而更好地提高教师的教书育人水平和学生的美术学习能力，促进师生的共同成长、终身成长。

三、理论基础

国务院办公厅出台的《关于全面加强和改进学校美育工作的意见》，让“沉睡”的美育日渐“苏醒”，也让美育被放置于教育的最显见位置，基于儿童生命美学探索的“真趣”美育课堂成为时代之需。

1. 生命美学。从人的生命活动出发去考察人类的审美与艺术，就是所谓的生命美学。也就是说：从生命活动的角度看，审美活动是生命活动的最高存在；从审美活动的角度看，生命活动则是审美活动的存在源头。

2. 儿童本位。孩子富有童真、饱含童趣，教育应回归儿童本位，美术课堂呼唤以学生为主体，还儿童以本真，构建富有情趣的师生互动场景，是每一位美术教师的职责。

3. 美术特质。美术课程具有知识技能之本真，且有丰富的审美情趣，有利于陶冶学生情操，提升学生的审美品质。打造“真趣”美术课堂，是美术课程的基本特质，也是美术教育实施的有效途径。

4. 课标要求。美术学科课程标准明确提出美术课程具有愉悦性，美术教学要面向全体学生，激发学生美术学习兴趣，要通过创设“真趣”美术情境，让学生在愉悦的氛围中培育健全人格。

5. 教育宗旨。教育的本质是教人求真，陶冶情趣。追求“真趣”的美术课堂，可以实现以美育人，提高学生审美和人文素养，从而更好地落实立德树人任务，促进学生全面发展。

四、 价值意义

人文视角的儿童“真趣”美术课堂，注重立足学生核心素养，培育学生科学求真的思维方式，提升高雅恬美的审美情趣，涵养丰富多元的人文精神。

一是生成学生智慧，增强审美情趣。要让学生在愉悦的美术课堂环境中，快乐自主地学习，在美术教育过程中学习技能、悦纳自我，让学生在教师鼓励的眼神、赞赏的微笑、有趣的提问中自我感悟、积极思考、勇于创造、快乐成长！

二是着眼儿童研究，促进教师成长。美术教师应找到以培养人为中心，以儿童为中心的聚心、聚力点，沉下心，立足教学、回归儿童，从儿童本真及审美情趣两个要素去研究美术教学，即儿童审美研究。

三是铸就学校精神，打造美育品牌。在“真趣”美术教育理念的指引下，学校营造出“真趣”的校园文化氛围，积极推进“真趣”课堂的建设，为学校美术教育发展打牢基础，从而构建以美育德、以美启智、以美健体的育人新模式。

四是重塑价值引领，提升教育品质。引导学生在生命成长中感知美、欣赏美、创造美，形成高雅恬美的校园审美观，重塑生命之美。

【教学案例】

《有趣的线条》教学设计

教学目标：

1. 了解线条在生活中的运用，尝试利用重复、交叉、渐变方法进行线条的组合，画一幅陶具作品。

2. 在欣赏、探究、操作、评价等一系列活动中，对陶具进行简单的线条装饰。

3. 感受生活中线条的独特魅力，激发学生学习美术的兴趣及热爱生活的情感，树立“创造美、表现美”的意识。

教学重点：了解线条在生活中的运用，探究不同线条的组合方法。

教学难点：对陶具表面进行简单的线条画创作，开发学生的创造力。

教师准备：PPT课件、图片、示范用具。

学生准备：刮画纸、记号笔、不干胶等工具材料。

教学过程：

一、认识线条之趣

玩游戏，猜动物。

1. 以多媒体出示图片让学生猜动物（老虎、斑马、奶牛）。

2. 引导学生说说为什么能这么快猜出来？从而引出花纹的特点。

揭示课题：有趣的线条。

二、欣赏线条之趣

1. 自然界中线的视觉感受是无处不在的，它们的存在为美术作品中线条的表现提供了丰富的素材。

2. 指导学生欣赏生活中的线条，总结出线条有“长短、粗细、曲直、疏密”等形态。

三、探索线条之妙

1. 结合图片，以问题抢答赛，用合作、自主探究的形式引导学生从交错、重叠、重复、拼贴的组合形式来分析作品。

彩陶：在原始艺术神秘而又极具魅力的领域中，彩陶艺术闪耀着夺目的光彩。其简洁流畅的造型、多姿多彩的纹样，向人们传递着原始陶艺工匠们赞美生命、追求美感的炽热情感。

问题一：彩陶的图案是怎么排列的？有规律吗？每个纹样的大小一样吗？

问题二：找一找图片中的线条排列有什么变化。

问题三：你发现线条有什么特点？是如何组合在一起的？

2. 总结：线条是装点我们生活的基本元素，为我们的生活增添了许多乐趣。

四、创造线条之新

1. 示范步骤。

示范用刮画纸画线描陶具。

步骤：(1) 构思；(2) 打草稿画外形；(3) 线条装饰。

2. 布置作业，提出作业要求。

利用准备的材料，用线条画一幅陶具作品。

3. 学生创作，教师巡回指导。

五、品评线条之味

展评作业：请学生说说自己的创作意图，并说说最喜欢哪位同学的作品，教师进行小结。

六、延伸线条之韵

欣赏设计师应用线条的作品，并结合家乡文化拓展学生视野。

板书设计：

有趣的线条

	粗	
线条体验	细	教师范作
	长	
	短	
	曲	
	直	

《有趣的线条》教学反思

《有趣的线条》一课，是湘版美术教材三年级上册第五课的内容。在教学实践中，我突出了对孩子美术学习兴趣的培养，引导孩子从生活中去发现美、感受美，充分发挥各教学环节的作用，把握住每一个教学时机，希望能够充分地调动孩子学习的积极性和创作的热情，激发学生浓厚的学习兴趣。

线条是视觉形式中最基本的语言，也是最简便、最直接用于表现形象的绘画手段。生活中处处存在着线条，当我们从空中俯瞰大地的时候，地球的不少地方都是由线条构成的，山脉、河流、海岸线等，而当我们近观周围的生命时，到处都充满视觉的线条，叶脉、血管、毛发等。线条是最简便、最直接用于表现形象的绘画手段，我们可以看到孩子们不用教，生来就会用线绘画，而怎样引导学生用线传情达意呈现美感，是教学活动体现美术教育功能的关键。本课以线描画为造型训练的手段，引导学生了解、掌握、运用造型元素和造型组织原理进行创造表现。整个教学思路是：发现线→认知线→创造线。

本课的教学亮点是通过图片欣赏，引导观察自然界中以及身边的线，边观察、边分析找出了直线、曲线、螺旋线、折线、交叉线。引导孩子进一步感受画家的线的美感及表现力，初步了解线条的表现方法，并用线条进行自我表达，画出感受，激发学生主动学习的求知欲望，学生在课堂上十分投入。

这一课的作业效果是令人非常惊讶的，惊讶于学生的创造力远远超出教学的预期。反观自己的教学，也是有些不足的。实际上三年级的孩子，已经有了足够的学习能力了，我需要尝试着放手，让孩子自己去搜集资料，这一过程更能加深孩子对于线条的理解。甚至为了启发孩子的兴趣，提升孩子的观察发现能力，还可以把课堂搬到教室外去，让孩子在大自然中发现美、体验美，从而更深刻地了解线条在生活中无处不在，感受线条丰富的趣味性。

第二节 “真趣”儿童美术课堂的审美追求

美术教学是一种充满智慧的审美引领，教师的教要为学生的学服务，要创造适合学生发展的美术教学要素与条件，以智慧启迪智慧，激发儿童的本真与情趣，提升学生审美素养，增强学生审美品格，让学生在美术学习中获得良好的成长与发展。

美术教学通过丰富学生的视觉体验，激发学生的创造精神及实践能力，不断引导学生进行审美情感的自我表达。在小学美术教学中，美术教师要通过培育学生积极的审美情感，创建真正的高品位的审美，着眼于提升学生的审美能力和人文素养。

一、　教师寓教于乐，　传递审美情感

每个学生都是一个独特个体，需要尊重、赞赏、帮助与引导。以保护和张扬学生个性为导向的美术教育，应敬畏每一个独特的生命，呵护他们所特有的审美灵性。

1. 尊重（美育的前提）。

一是尊重审美能力发育迟缓的学生。个别学生审美感知能力比较薄弱，作为美术教师首先应站在学生的视角，鼓励其积极参与审美体验，不断提升审美能力。

二是尊重画面有个性表现的学生。有的学生思维活跃，想象力丰富，敢于突破常规，大胆进行美术表现，这种富于个性化的独特表现对于创造能力的培养具有很好的促进作用，教师应给予保护和尊重。

三是尊重视觉感受被孤立和拒绝的学生。学生的审美感受和自我表达往往无奇不有，教师应尊重并挖掘学生对美的独特感受，进行审美引领和正确的审美判断。

四是尊重美术表现时有过错的学生。学生没按自己原有的思路进行作画，或出现技法上的错误，教师不应一味地责怪或批评，应以对美的感知的自我表达为主要目标，不要过分地注重技法的娴熟和所谓的正确的表现方式。

2. 赞赏（美育的境界）。

对美的感知与表达是学习美术的途径，它是打开学生美好心灵的窗户。在美术教学中要对学生美的分享给予赞赏和鼓励。一是赞赏每一位学生的审美独特性；二是赞赏每一位学生所取得的哪怕是极其微小的审美本领；三是赞赏每一位学生所付出的努力和作品所表现出来的美感；四是赞赏每一位学生对美的大胆表达。

3. 帮助（美育的职责）。

在美术学习过程中，有些学生对美的感知产生厌倦或困惑，对美的表达有些迷茫，甚至不知所措，教师应适时对学生的学习给予帮助。一是帮助学生确立能够达成的美术学习目标；二是帮助学生寻找、搜集和利用美术学习资源；三是帮助学生设计恰当的美术学习活动和形成有效的美术学习方式；四是帮助学生发现美术学习的个人意义和社会价值；五是帮助学生营造和维持美术学习过程中积极的心理氛围；六是帮助学生对美术学习过程和结果进行评价。

4. 引导（美育的本质）。

引导的内容不仅包括审美的方法和思维，同时也包括做人价值和道德情操。

引导可以表现为一种激励，当学生不敢进行美术表现的时候，教师不是逼着他下笔，而是唤起他内在的精神动力，鼓励他发散思维，大胆进行创意实践。如在教学《花团锦簇》一课时，首先让学生收集课前制作的纸花，分析并解决制作中出现的问题；再用课件展示花仙子制作纸花的步骤和方法，教师现场解说，重点提示制作时容易出现的问题。在教学过程中，不断创造条件，引导学生尝试自主学习、合作学习、探究学习，使每一个学生在美术实践中都得到个性的张扬。

引导还可以表现为一种启迪，当学生面对视觉图像不知所措的时候，教师不是轻易告诉审美知识，而是引导学生怎样进行审美判断，找寻文化感受。如在教学欣赏齐白石的花鸟画作品时，有些学生对大师的笔墨表现及文化内涵显得一脸茫然，这时我先从中国画的笔墨情趣入手，引导学生认识中国画的表现特点，再对主题进行阐释，引导学生体会作品所表现的文化内涵。

二、陶冶学生情操，提升审美品质

在美术教学中要促进学生进行深度观察、交流、思考，同时开展多主体、多元化的美术学习评价，从而更好地提高教师的教书育人水平和学生的美术学习能力，促进师生的共同成长、终身成长。教师要将美术知识与传统文化渗透到美术课堂教学中，让学生通过课堂教学培育审美素养，了解中华传统文化及民间艺术等民族或地方元素的知识，从而形成审美意识，增强审美能力，享受审美人生。

1. 价值引领。

一是陶冶理想情操。让学生在审美教育中受到美的感染和熏陶，触景生情，因美生爱，从而激发学生热爱学校，进而热爱家乡、热爱祖国的高尚品德和道德情操。如在教学《家乡的桥和塔》时，首先引导学生欣赏家乡的东西塔和洛阳桥，当学生们被自己家乡的美景触动后，再引领学生谈谈审美感受，这时一种自豪感油然而生，从而树立起为建设美好家乡而努力的理想和信念，这时再学习桥和塔的美术表现方法，进行美术创意指导，就比较容易引起学生的学习兴趣。

二是培养协作精神。在实施美术课堂教学中要求学生处理好个人和集体的关系，以建成一种友好互助的群体氛围。如在教学《鸟之王》一课时，先把凤凰鸟分成头部、身子、翅膀、脚等四个部分进行教学分析，然后把学生按四个人一组进行组合，要求学生分工合作完成一幅“鸟之王”的创作。学生们个个兴致勃勃、互相协作，共同完成了姿态生动、栩栩如生的凤凰鸟作品。

2. 创意思维。

一是增强创新意识。创新是美术的精神，艺术贵在创新。在美术课堂中要引导学生观察社会、观察生活，挖掘学生的创造力，激发学生的创新欲望。在教学《留住秋天》时，先观察树叶的形状和颜色，让学生在自然情境中调动探究的欲望，在生活情景中进行创作指导，培养了学生的实践能力和创新精神。

二是培育智性思维。通过创设生动有趣的美术课堂氛围，让学生产生情感的反应和精神的共鸣，学生在欣赏美、享受美的同时，丰富了智性思维，从而达到与自然的和谐统一。如在教学《小小手》一课，首先通过多种方式的手形表演与联想，使学生在轻松愉悦的游戏式的活动中，体会简单的、变化的手形带给自己的丰富联想与无穷乐趣，并鼓励学生通过平面绘画和立体彩绘的方式，尝试将自己借助手形联想到的形象表达出来。整个教学过程注重探索手形的装饰与组合美，创造性地表现自己的所思、所想、所感，从而培养学生的智性思维和创新能力。

3. 人文品性。

美术是人类文化的重要载体之一，有着浓厚的人文气息，美术教育要发挥独特的人文教育与文化传承功能，促进学生多元文化的认同。美术课堂要注重陶冶学生的审美情操，拓宽学生审美视野，培养学生正确的审美观。如对《民间艺术剪纸》的教学，首先是让学生认识到剪纸艺术起源于民间，有着悠久的历史，与民风民俗、传统节日关系密切，体现了劳动人民对美好生活的向往和追求。其次认识到学习剪纸艺术对传承中华优秀传统文化具有深远的意义，学生民族自豪感建立以后，学习热情逐步生成，便可不断提升审美和人文素养。

总之，美术教师必须将以美育人、以美感人作为开展美术教育活动、提升审美素养教育的重要内容。在小学美术教学中，切实地把学生学习的过程、环节与内容视为审美过程，努力提高学生艺术修养，增强学生素质，塑造完美人格，全面培养学生发现美、懂得美以及欣赏美的能力，从而达成生命之美。

第三节　“真趣”儿童美术课堂的实施策略

“学科及其教学对人的必备品格和关键能力的形成和发展起到了独特作用。”课堂是师生心灵沟通的场所，是实施美术教育的主渠道，充满童真、富有童趣的美术课堂是美术教师的不懈追求。儿童生命美学主张以“真趣”为主线，在教学中通过创设美术教育情境，整合美术教育资源，优化美术教育方式，来滋养师生的生命成长，使师生在有限的课堂美术实践中实现无限的生命拓展与提升。

一、以“真”为本，培育审美能力

儿童美术教育要注重以美术学科为根基，通过美术课堂及美术活动，在感知美、欣赏美、创造美中培养儿童图像识读能力、审美判断能力、美术表现能力，不断增强学生审美本领。

1. 真感知：图像识读之基。

图像识读是指对美术作品、数字图像、影视作品或生活中各种图像符号的造型、色彩、比例和肌理等形式特征，以及材质、技法和风格特征等的认识、比较与辨别。儿童美术教育要注重通过感知美术图像资源培养学生的审美能力，教师可以从以下几个方面来着力。

一是品，即抓住美术学科知识要点对图像作品进行赏析品味，认知并体味美术作品的真滋味。

二是补，即抓住美术教材中图像作品的细微处和丰富点，拓宽美术课程资源，使美术教育更具活力。

三是联，即关注美术学科与其他学科间知识的联系，强调图像识读与儿童生活的联系。

四是删，即删去美术教材中繁杂的内容，通过解读最能吸引学生的图像作品，以求课堂教学更有效地去落实美术教育重点，解决美术教育的难点。

五是调，即调整美术教材内容，实现不同版本美术教材之间的优化组合，以更直观的形式展现图像作品的内涵。

六是融，即在美术课堂教学中适度地融入其他学科的知识内容，进行跨学科之间的整合，以求更全面地识读图像内容。

2. 真欣赏：审美判断之根。

培养审美判断能力是儿童生命美学的一门必修课，对于陶冶情操、启迪智慧具有重要作用，审美判断能力的高低对一个人的观察力、想象力、创造力的培养和发展都有非常大的作用。

首先要加强对审美知识的学习。指导学生明确什么是美，什么是审美，为什么审美，学生积累了一定的审美知识后，才懂得运用自己的美术语言欣赏视觉形象。

其次要加强对艺术作品的欣赏。美术欣赏教学中要注重培养学生多方面的艺术修养，比如说音乐、舞蹈、歌剧等等，以进一步丰富学生的审美经验，提高学生的审美水平。同时，要引导学生多观察周围的世界，用心去体味和感悟生活中的美，做生活的有心人。

最后要加强对审美能力的培养。通过回归儿童的真实生活，尊重儿童个性需求和个体差异，以审美培养为主要抓手，培育学生审美的本领，增强学生对美的认识。

3. 真创造：美术表现之魂。

学生有了对美的感受，形成初步的审美判断后，美术教师要及时引导，扎实培养美术表现能力，激发创作热情，不断提升审美创造力。

一是进行美术技能训练。包括美术形象的造型、勾线、上色，水彩笔、油画棒的涂色技法等，泥塑课的揉搓粘画，手工课的折纸、裁剪、粘贴等。技法训练要注重抓住重点、突破难点，进行个别辅导，展现表达个性化的审美感受。

二是拓展学生想象空间。“想象是创作的源泉”，在美术教学中，我们要充分利用生活情境，努力创设审美氛围，让学生在美的探索中寻求创作思路，培养动手能力，增加创作热情。

如在教学《花团锦簇》时，以“花”为题，设计“制作纸花—包装纸花—送花”等环节。手工制作纸花主要采用的是卷压叠贴的方法，要求表现的花朵形象变化丰富，造型逼真，装饰性较强。在探究学习中，通过解决纸花创意这一难点，促使学生逐步从“学会”到“会学”，最后达到“好学”的境界。在这里，教师通过激发孩子们的童真，让孩子们最可贵的品质得到充分的体现。

二、以“趣”为韵，锻造审美品格

中华传统文化博大精深，美术教育内容更是丰富多彩，教师要以优秀的传统文化涵养学生的人文精神，从而培育高尚的道德情操和审美情趣。“趣”，是对儿童本位的一种自觉尊重，学得主动，学得生动，这才是“趣”之本义；“趣”，也是对视觉图像的一种深刻解读，还原画面，还原场景，从而感受美的韵味，这才是“趣”之真义；“趣”，还是对审美对象的一种正确判断，使儿童美术表达更加趣味盎然，这才是“趣”之妙义。

一是题趣。即儿童生活题材的趣味性，要注重引导儿童走进生活，选择富有童趣的题材进行创作，以真实地表达儿童的审美情趣。

二是法趣。儿童美术创作要注重技法描绘的趣味性，包括线条、色彩、构图、肌理、墨韵等技法，让作品表达生趣盎然。

三是理趣。审美表达具有儿童之天趣，丰富又稚拙，多元而细腻。要从儿童自身视角和喜好构建审美体系，产生文化共鸣和向心力。

四是意趣。儿童美术创作立意应该高、新、奇、巧，形象真切地表达语言方法，引领儿童价值取向。

五是情趣。儿童审美表达要真情实感，热爱一切美的文化。要真实地传递儿童内心的审美情感，提升儿童的审美情趣。

三、“真”“趣”相融，建构生命课堂

在美术课堂教学中，教师应以培育儿童生命之美为主导，通过构建“寻美—赏美—品美—创美—评美”的儿童生命课堂模式，锻造学生充满本真的审美能力，涵养学生富有情趣的审美品格。

1. 创设情境之真，激发“寻美”之趣。

兴趣是美术学习最好的老师，浓厚的兴趣可以引发审美的灵感。在美术课堂中通过创设丰富多彩的美术情境，以激发学生探寻美的兴趣。如在课前谈话，或是导入新课，教师应注意多形式激发学生的审美体验，而学生审美体验是建立在调动学生的生活经验之上。激活学生潜在经验，能有效提高“学习期待值”。初次学习时，由于学生的知识层次、经验积累、个人爱好等均不相同，他们学习期待值的原始呈现会有高有低，但又都没有达到各自的“最大”，此时，教师的策略就是想方设法提高学生的美术学习期待值，激发学生接受审美教育的欲望和潜能，打开观察体验审美情趣的大门。

2. 整合资源之真，构筑“赏美”之趣。

“真趣”美术课堂注重整合美术资源，尤其是美术课堂中的生成资源，从而构筑师生审美园地。因此“真趣”美术课堂必须强调开发各种教学资源，实现学生、教师与美术资源之间的平等对话，使童真、童趣真正实现在课堂中灵动飞扬。如在教学《风来了》时，我便注重整合多种美育资源，通过“听风—说风—赏风—演风”等方式，赏析教材名作《阵风》，学习“风来了”的表现方法。画中，风沙漫天飞舞，连太阳都黯淡无光，四位藏族妇女在风中艰难地行走，姿态各不相同，有的面巾被吹起，几乎要飘走，她只好用手捂着；有的顶风弯腰；有的背风倒退行走；有的帽子被风吹掉了，只好弯腰拾帽子，她们的腰带、辫子、衣摆及一些饰物都被风吹得飘起来。这幅画把画家对大风的真实感受表现出来了。教师根据学生的评述，总结风中人物的服饰、动态、自然事物的形态变化，师生互动活跃，课堂生动有趣，学生很好地学习了用美术语言表现风的手法。

3. 优化方式之真，搭建“品美”之趣。

在美术学习的过程中，要思考“审美是什么”“为什么审美”“怎么样审

美”，做到“美由心生”，成就“生命之美”。能够独立学习并思考，就是一种品读审美的收获，也是提升儿童审美力的有效途径，是需要在各类视觉艺术活动中，培育美术学科核心素养，引领学生体悟生命的意义，践行自我审美的过程。如在《民间美术欣赏》教学时，我非常关注学生“审美态度、价值取向、文化认同”等精神思想问题。通过“欣赏、评述、解释、分析、判断、理解”等系列推进的教学过程，交流讨论、自主探究，亲身经历从视觉上的陌生、视而不见，到开始关注，再到逐步细看、分析图像、发现问题、乐意探究、深入思考，再进一步收获惊喜、深化理解、文化认同、分享感受，最终产生文化自信，从而努力弘扬传统民间美术，做一名美术文化的推进者和实践者。独特的审美体验是建立在独立观察美、欣赏美的基础上的，尽管学生的审美感悟和体会不完整，但一定是真实的、独立的自主审美体验。

4. 拓展内容之真，挖掘“创美”之趣。

学生独特的美术表现过程是在特殊的图像识读过程中的自我提炼、自我组织、自我表达、自我认同。在美术课堂中，教师要设身处地地从学生的角度，去分析学生原有的知识水平、认知技能、学习动机、情感态度、学习准备状态等，不断拓展美术教学内容，充分挖掘学生潜能，培养学生创造美的能力。如在教学《窗口》时，通过引导学生了解窗文化，感受与窗相关的视觉形象，选择有代表性的“花窗”作为欣赏典型，帮助学生拓展对窗的认知，通过观察与分析作品范例，触动创造欲望，启发创造意图，通过适当的演示与讲解，如窗棂的折剪，取景入“窗”等，建立学习“支架”，从而在认识和理解窗的知识与艺术形象的基础上，组织学生设计制作小花窗，培养学生动手美化生活的能力。这时学生便能得心应手，作品表达也趣味盎然。

5. 营造氛围之真，升华“评美”之趣。

合理的评价能促进学生进步，树立自信。在引导学生评价美的过程中，应尊重学生独有的文化背景和审美期待，采用多元开放的评价方式，尊重每一位学生的创作成果，引导学生清晰地表述对作品的独特构思。如湘版一年级上册《数字变变变》一课，以数字的外形作为联想、发现和创意的依托，在数字上稍加变化，使之成为各种有趣的数字画。在评价环节，我就引导学生要把握评价标准，即把“画得形象、变得有趣”作为作品表达的基本要求，采用老师评与学生评、自评与互评、个人评与小组评相结合的多元评价模式，要求学生在评价时打开联想的思路，关注生活，明确美术表达与生活的密切联系，作品表达不仅要有生活之真，还应有艺术之趣。课堂上把评价空间尽可能多地留给学生，使学生真正成为课堂的主体，学生评价便能做到“言由心生”，大胆自由地表达内心的想法。由于学生作品呈现得丰富多彩，学生评价也兴趣盎然，课堂气氛活跃，收到良好的教学效果。

人文视角下的儿童生命美学主张通过构建“真趣”美术课堂，让每个孩子都成为真正真实的人，快乐风趣的人。“真趣”美术课堂就是要打造师生共同成长和智慧生成的家园，让学生在本真、情趣的美术课堂环境中观察美、体验美、挖掘美、品味美和创造美，从而促进学生自主、健康、愉悦、全面地成长与发展。实践证明，在构建“真趣”美术课堂的过程中，师生生命得到了滋养，审美能力得到了增强，审美品质得到了提升，共同奏响了追寻本真、富有情趣的美术课堂新篇章，真正实现了儿童生命的和谐健康成长。

【片段教学案例】

《色彩对印》片段教学

各位评委老师，大家好！我片段教学的课题是湘版小学美术四年级上册第八课《色彩对印》。通过本课学习，学生将在学习色彩对印的活动中掌握对印的方法和技能，提高动手能力，培养想象创造思维能力和富有情趣的审美素养。

下面开始我的片段教学。

一、欣赏感知，激趣导入

师：同学们，今天老师带来了一幅画，猜猜看，老师是怎样画出来的？

师：请你说！哦，你认为老师是用水彩颜料画的！

师：请后面小手举得高高的同学回答。她认为这幅画是对印出来的，因为画中上下两部分是对称的，一模一样！你们同意她的看法吗？

师：没错！今天我们一起来玩一玩——色彩对印（板书课题）。

二、自主探究，感悟新知

师：刚才这位同学提到对称，在我们的生活当中有哪些东西是对称的？

师：是的，蝴蝶、蜻蜓、树叶、建筑等等这些事物因对称而显得更加美丽，我们把这种形式的美称为“对称美”。

师：怎样印出具有对称美的画呢？桌上有颜料、有水，有供我们调色的盘子，请大家打开书本25页，参考图中所示的方法，也来玩一玩颜料，在不弄脏衣服和桌面的情况下，比一比谁玩出的“对印画”色彩最美。

（学生尝试对印画，教师随堂指导）

（师随机抽四份作业粘贴到黑板上）

师：请看黑板，这是老师从你们的第一次作品中随机挑选的四幅，仔细观察一下，你有什么发现？

师：第四组穿红色衣服的小男孩，你小手举得那么高，请你说。哦，他说最后一幅作品印出来的图案不清楚，是因为颜料涂得太少了，要涂厚一点，而且要加点水，但不能太多。你们同意吗？

师：哦，同桌有补充，他说不清楚的地方可以补充颜料，重复多印几次就可以了。这真是个好主意。

师：这幅画是哪位小朋友画的，你听明白他俩的意思了吗？是不是这样呢，待会儿请你试试看。

师：这只蝴蝶的翅膀可真漂亮，这是谁的作品？你是怎么印出这样的图案和纹理？

师：别着急，慢慢说，你的意思是：你直接把颜料挤在卡纸上，印出来的纹理就会比较粗糙，甚至凹凸不平，而且颜料会互相渗透，出现奇妙的形状和颜色，再往里加点水，颜色变化更丰富了，是这样吗？

师（小结）：你的发现很有价值，你的思维非常独特。可见，水真是神奇的东西，水加得多，颜料就稀，印出来的图案会比较湿（板书：湿）；水加得少，甚至不加水呢？没错，颜料会干，印出来的图案颜色会比较厚。同学们，明白他的意思了吗？

师：通过第一次的练习，我们知道要完成这样一幅色彩对印画，首先要认清步骤方法：

第一步，将卡纸对折，然后展开。第二步，在纸张的一侧涂上颜色，点涂颜色时，颜色不可过于繁杂细碎，可以点涂某种形象，也可以随意点涂，不要求有具体形象。第三步，将没涂颜色的一面覆盖在涂面上，用手掌轻轻压一压，推抹几下。第四步，揭开待干。对印完成后可以自己稍加添画，让作品更加完善，富有创意，还可以进行联想命名。（板书：1. 对折；2. 涂

色；3. 对印；4. 揭开）

三、分工合作，体验乐趣

师：接下来，请同桌两人合作创作一幅富有特色的色彩对印画。

作业要求：1. 制作方法正确，对称效果明显；2. 色彩丰富，有纹理变化；3. 想象丰富，作品富有新意。

画好的同学，请将作品贴在展示区，音乐停止时，请同学们立即停止创作。

四、展示交流，分享快乐

师：好的，同学们的作品都已经完成了，咱们一起来欣赏一下。谁愿意来介绍一下自己的作品，或者说说你喜欢哪件作品，喜欢它什么，也可以给同学的作品提点小建议。

师：请你说。（手指示意）嗯，你喜欢二号作品，喜欢它的创意和丰富的肌理效果，画面水中的倒影独具韵味，由对称而产生的意境特别吸引人。你很有眼光，懂得欣赏别人，你也会得到别人的尊重。

师：第四组最后一个小男孩，请你来评一评。哦，你喜欢五号作品，这是你和同桌一起合作的作品，善于合作，懂得欣赏自己的优点，老师为你们这份作品而感动。

师：第二组穿红色衣服的同学表现得非常好，已经回答两次了，把这次机会让给你的同桌回答吧！

师：七号作品的作者是谁？你觉得他提的建议好吗？嗯，那咱们就接受他的建议，给这一块多增补一点蓝色，重复印两次，看看对称的效果会不会更好！

五、课堂小结，拓展延伸

同学们，今天咱们一起学习了色彩对印，感受了对称的魅力和对印的妙趣。瞧，我们还可以把对印的作品用来装饰我们的生活，比如：笔筒、杯子、服饰等等。课后，同学们可以大胆进行尝试，多创作几幅有创意的色彩对印画来美化我们的生活。

我的片段教学到此结束，谢谢大家！

第五章　美术教学提升儿童审美和人文素养

围绕“提升学生审美和人文素养”来切实改进美术教学，是美育内涵建设的根本，也体现着人的建设基础工程的时代要求，是审美教学革新、发展进程中必须坚持的正确方向，也是提高美育教学科学化水平的必由之路。

第一节　儿童美术与审美素养

美育是审美化的素质教育，我们既然重视素质教育，就必然要重视美育，否则，素质教育也就无法全面实现。而美术作为艺术门类中最具直观的美感形态，能够刺激孩子的视觉、感觉，从而美化孩子的心灵，培养孩子爱美的品质。

儿童美术活动大致要经历三个阶段。最初阶段叫“涂鸦阶段”，孩子用五个指头一起握住笔，在纸上信手乱涂；接着，孩子能画出错综杂乱的线条，进入可控制的涂鸦阶段。第二阶段时，孩子对自己的“乱画”开始命名，能画出简单物象的基本特征和某些细节。第三阶段，便开始对（绘画）等美术之美有感性理解力，开始自己的创作——线条、结构、色彩，但他们的理解与大人们认识的并不一样，在色彩方面，孩子即使不是色盲，他们所“看到”（理解）的色彩也不一定是事物呈现的本来色彩。

儿童的美术活动是一个集眼、手、脑等多种器官的综合行为。在刻意培养儿童的美术素质而训练其美术活动时，首先一定要让孩子观察认识物体，积累感知形象，多安排“涂鸦活动”。在使用色彩方面放任自流，对孩子主动表现出来的表达欲望要给予保护，不能伤害孩子的兴趣和主动性，更不能以大人的眼光去苛求孩子，抹杀孩子最初的艺术灵光。

第一阶段孩子的美术活动是其观察力、记忆力、手眼协调能力、小肌肉的精细动作能力和对图形结构审美力的综合结果。此一阶段孩子已能认识图形大小，认识几种颜色，认识前后、长短、方圆，开始有想象力，这是孩子美感能力培养的基础时期。

到了第二阶段时，孩子已能熟练掌握各种基本动作，能对鲜艳的色彩和形象生动的物体保持一定时间的注意力。这一阶段要努力培养孩子们对美术的兴趣，为他们提供丰富的材料，如水彩笔、油画棒、蜡笔、橡皮泥、旧挂历纸、绘画纸等，参与孩子的创作活动，与孩子一起画、捏、折、贴，做好榜样，给孩子指导与帮助。这一阶段对孩子美术能力的培养目标是：能大胆、积极、有兴趣地参与；能逐步注意图像与实物的相似性，大小，图像在画纸上的位置；能说出所涂、捏、折的物体名称；能使用糨糊、手工材料等用具；能感知泥、纸、糨糊的特性，画、捏、折出简单的形状。

第三阶段时，已可掌握物体的基本部分和主要特征，并能在画面上简单布局，按物体固有色选用颜料并均匀涂色，已学会捏泥与粘接泥的技能和简单的折纸、粘贴等手法。此时要教会孩子观察事物的方法，认识物体的结构、色彩、大小等；还要让孩子大胆想象，因为这一阶段的儿童画已可能有情节，孩子的画可能粗糙、不完整、比例不当、透视不合理，但非常奔放、生动、大胆、富于想象力，教师们要珍惜这种十分可贵的美术品质，不可以成人的眼光要求孩子，甚至斥骂孩子，应让他们以自已的观点、态度在艺术天地中自由翱翔。鼓励孩子画粗犷泼辣的画，理解孩子画画时的激动，不能阻止、干涉儿童，要与之分享快乐，要高度赞扬他们的想象力、独创与胆略，少让孩子去临摹画作，扼杀孩子的天性。

在培养孩子对美术的美感素质时，要以孩子作品是否天真烂漫、毫无修饰、大胆直率，是否合乎其生理心理特征的表现来评价其优劣。儿童学习美术的目的不在于未来一定要成为表现大师、成为画家，而在于开发他们观察体验生活的能力，在于培养他们感知艺术、自然、生活之美的情趣，提高他们的鉴赏力与人生境界，并且在现实生活中按照一种美的法则去创造。基于此，我们对孩子绘画的培养首先是随意的、涂鸦的。他们不是先构思好才开始，而是画出一定效果后去认识它们：一个不规则的圆形，孩子或许会惊喜地叫道“苹果”；一些断断续续的小点，他们发现是“下雨了”；一些画得不够直的线条在他们看来是“面条”，然后他们会努力加上两根稍微直而对齐的线条“筷子”。我们应为他们惊喜，并且鼓励他们，因为这是他们观察生活、表现生活的开始。几乎所有的孩子都喜欢在家里的墙上、地上乱涂乱画，因为他们已经有了表现的欲望，他们的内心已有了用线条、色彩来描绘的冲动。这时候，我们不能简单地因训斥他们的不当行为而连他们对艺术的热爱也一并埋没。当然我们可以给孩子准备一块地方，或在墙上为孩子布置一面画墙等等。对于儿童的美术学习，更多的是让他们按照自己的内心感受到的线条与色彩去表现。儿童对美术作品的欣赏也同此理，不能太多地灌输欣赏鉴赏性的知识与观念，而是让他们面对这些艺术品时，自己去感受、体悟、领略、比较，从中获得美感而非技巧。

为了给孩子创造一个具有美感的居住环境，在视觉艺术（美术、书法、装饰艺术等等）的家庭化方面最好不要让那些粗制滥造的黑绒纸画木板画、大美人像等低级趣味、艺术水平低劣的东西充斥于孩子的环境周围。

在世界艺坛享有盛誉的美术家兼教育家德奥班恩曾经指出：“儿童被迫照相般地模仿现实的东西，他的创造想象力被束缚了。这是一种令人不满意的限制，因为孩子本来可以从他自己表达自由的创造中得到极大的乐趣。”而另一位画家则说：“一个人在能画出一幅画以前，必须勤勉地练习所有法则并熟悉理论上的法则，这对于儿童创造想象来说，不啻是一把软刀子。它会使艺术看上去像另一种组织严谨的科目，并使儿童对此失去兴趣。当他们离开学校以后，那些继续根据规则去绘画的，充其量只能成为画匠而非艺术家。”

在培养孩子的美感素质中想象力是重要的因素。比如有小朋友画的《我在月亮上荡秋千》，这是现实生活中无法实现的事，但经过小朋友对月亮、星星、孩子游戏等元素进行加工改造与组合，则成一幅童趣盎然、童心可现的好作品。在对儿童美术教育的培养过程中，还会接触到色彩，色彩的变化能唤起人们丰富的情感。一幅画中的线条、色调、构图等语汇，是服从于画中所表现的内容与基本的思想情感的，因此培养孩子欣赏绘画作品，还可通过感受音乐的节奏，去体味画中线条的节奏、色彩的节奏和构图的节奏，并从中领悟出某种情感。

第二节　在自主探究中培养儿童审美素养

美是人类心灵的光环，美是人类的一种生活方式。每个学生都热爱美，渴爱美好的事物，向往美好的生活。为了让学生学会在生活中发现美、感受美、创造美，必须从小培养学生的审美素养。美术教育是提高学生审美素养的重要途径，美术教师要挖掘美术教材中美的因素，尝试以生动形象的美术教育实现审美素养的培养，从而陶冶学生美好的情操。在美术活动中要培养学生敏锐的审美感知力、丰富的审美想象力、内在的审美情感力和强大的审美理解力，达到“以美启智、以美激创、以美育德、全面发展”的教育目标。

一、激发兴趣，培养敏锐的审美感知力

世界是个美丽的大花园，处处充溢着美。美的世界，需要有美的心灵去感悟。法国艺术家罗丹曾经说过：“生活中并不缺少美，而是缺少发现美的眼睛。”这就要求教师要帮助学生树立正确的审美观，引导学生善于发现生活中转瞬即逝的美。在美术教学中，首先要对学生进行系统的感知训练，即让学生能够用自己“美”的眼光去认识和观察周围的世界。

学生对外在世界普遍具有感知力，对鲜艳的色彩、物体的表面质地都能产生浓厚的兴趣，受到美的熏陶，而且知识、情感、想象愈丰富，感知力愈敏锐。因此，培养敏锐的感知力要重视引导学生亲身体验和感受现实世界，接触大量的美术作品，分析作品的表现形式和情感活动，鼓励学生放开手作画。如一年级《元宵节》一课，我先让学生在元宵节参与有趣的活动，观察节日的情景，亲身体验节日的气氛；然后在课堂上引导学生欣赏书中的作品，感受作品中以灯来表现元宵节的热闹景象，以舞龙人物来表现浓厚的节日气氛等；最后让学生选择自己印象最深、最有趣的情景，把它画出来。虽然画面有繁有简，各不一样，但当学生对生活、美术作品和艺术的实践有意接触体验后，其敏锐的感知能力便逐渐得到提高。

二、注重引导，培养丰富的审美想象力

著名美学家黑格尔曾经说过：“想象力是艺术创作中杰出的本领。”人的

审美活动没有想象的参与便无法进行。没有想象的参与，看天空的云彩只能说是水蒸气团；看水中的月亮只能认为是月亮的倒影。想象是以知识和经验为基础的，培养学生的审美想象力，首先要扩大学生的知识领域，丰富表象贮存，再鼓励和引导学生大胆展开合理想象，不断联想创作出富有童趣的作品。如二年级《机器人》一课，学生在画报和电视屏幕上经常可以看到不少机器人的形象，儿童幻想中的机器人瞪着大眼睛、威武高大，具有超凡的本领，但学生一般没有见过现实中的机器人，对真正的机器人知之甚少。我进一步引导学生欣赏书中的机器人照片和《人机大战》《机器人灭火》等作品，使学生发现机器人的许多身体器官，都是由指示灯、荧光屏、仪器表等器材组成的。在学生充分认识机器人形态特征的基础上，有了艺术形象的贮存，教师再设置情景，鼓励和引导学生展开想象，画出自己喜欢的机器人。

三、 指导欣赏，培养内在的审美情感力

在美术教学中，学生审美素养的培养与提高离不开生活，通过生活实践与艺术欣赏相结合，以不断丰富学生的审美情感。我国近代美学家、教育家蔡元培先生说："美育者，应用美学之理论于教育，以陶冶感情为目的者也。"是的，美是和情感联系在一起的，美不美就在于能不能调动人的情感，感受其中的美。俗话说："爱美之心，人皆有之。"这就是说，趋向审美的情感冲动是人的天性，但这种力量需要得到保护、激励、提升和丰富。在美术课中带领学生欣赏艺术作品，让学生在欣赏中潜移默化地受到美的熏陶，获得美的体验，形成美的知识、观念、技能，陶冶高尚的道德情操，造就完美人格，培养学生内在的审美情感力。高年级设有专门的欣赏课，低年级也有一些随堂欣赏的作品。教师以具有感染力的言辞和富有情感的表达引导学生欣赏美术作品，使学生受到美术作品情感的感染。如一年级《欣赏》（美术作品）一课，我是以生动的语言引导学生欣赏"布老虎""鱼枕""四喜娃娃""牧牛"等民间玩具的造型、色彩、神态表现，强调它们是劳动人民用巧手做成的具有很高艺术水平的玩具，让学生感受劳动人民创造了丰富多彩的民族文化和民间艺术，激发学生的爱美之心，引导学生传承和弘扬优秀文化的自信心和责任感。

四、 广泛接触， 培养强大的审美理解力

审美理解力指的是把握自然事物和艺术作品的内容、形式及其意义的能力。这需要有广博的美术知识和对艺术有大量的接触而形成的能力，没有审美理解力的学生，就难以理解齐白石将花叶画成黑色，不能欣赏其墨色的美，更不懂其神韵奇特的艺术表现力。审美理解是对审美对象感性形象所蕴涵的理性内容的直观把握，因而也可称作感悟，它是感性和理性的和谐统一。钱钟书说："审美理解如水中盐，蜜中花，体匿性存，无痕有味。"学生的审美理解力不是生来就有的，而是经过长期的审美教育的结果。因而，在美术教育中，必须十分重视审美教育，通过实施美术审美教育，不断培养提高学生的审美理解力。

培养学生的审美理解力主要从四个方面进行：一是介绍一般美术知识，如美术分类、画种介绍，各种造型艺术表现技巧的特点等；二是通过美术技能的操作、训练，加强对造型艺术形式的理解，如学习纸版画、磨拓画的形式意义，通过绘制过程的实践使学生感受得更深，理解得更多；三是通过欣赏美术作品，提高学生对美术形态、形式、内容及意义的理解；四是通过对优秀作品进行对照、比较、鉴别，如讲评学生的优秀作品，让学生分析作品好在哪里，加深学生对作品艺术美、创造美的理解。

总之，审美素养的培养，必须贯穿于整个美术教育过程中，教师要充分发挥美术教学陶冶情感的功能，充分发挥学生的想象力，努力培养儿童的审美能力，提高学生对自然美、生活美和艺术美的感受、鉴赏及创造的能力。教师还要利用各种教学途径，全方位地引导学生将生活中那些美好的记忆以艺术手法呈现出来，逐步提升学生的审美观，从而以艺术美熏陶他们日常的思想言行，并培养他们利用丰富的情感、正确的态度和良好的价值观去热爱祖国传统美术文化，去热爱世界的多元文化。只要能用心欣赏美，以美感召人，真善美就会在孩子的内心深处萌芽，艺术之花和人文之花就会争奇斗艳、美丽芬芳！

第三节　在合作学习中培养儿童审美素养

在美术教学中培养儿童的审美素养，合作学习愈来愈成为教师们经常运

用的教学方式。在合作学习中，学生为了完成共同的学习任务而进行合作交流，能使学生改变以自我为中心的不良意识，有利于培养学生的合作意识，并提高合作技能。在美术教学中开展合作学习，主要有以下几种组织形式：

一、 小组讨论式

美术课堂教学中，常常遇到有关制作方法、绘画步骤以及材料工具使用多元化的问题，甚至在欣赏课中存在一些观点上的分歧，如果仅靠教师的教，既不能让学生理解透、掌握好，又束缚了学生的创新思维，不利于学生的发展。因此，我们常常让学生看书自学，实践体验，探究发现，使学生在小组的范围内学习、讨论，这样可以让每一位学生充分参与，积极思考，发表见解，逐步形成对问题方法的认识，从而构建多方面的知识体系。在教学《笔筒与笔架》时，我们主张以简练、实用、新颖的设计为主流，鼓励学生大胆发挥想象，在小组中讨论、交流，拓宽创作思路，运用多种材料制作出各种各样美观奇特的笔筒与笔架。

二、 互动交流式

互动交流式是在体验、探究、讨论的基础上进行交流的，这种互动交流方式包括了小组内的交流，小组间的交流，师生间的交流。在交流过程中不但可以使学生对问题分散的认识成为系统的认识，制作方法的单一性成为多元化的制作方法，而且可以让学生狭隘的思想变得丰富多彩，让学生的思维变得更为活跃，更为多样性，为美术制作、美术活动、美术创作打下良好的基础。如在《风景刻纸》的美术课中，通过让学生交流创作心得，互相学习刻纸艺术的造型表现及剪刻技法，进一步活跃学生的创作思维，提高学生学习的兴趣。

三、 小组表演式

在美术活动中，为了深化学生的体验感悟，常常把制作好的美术作品让学生再创作表现，通过自己编导、自由表演、自己欣赏、自己评价的体验表演活动，促进学生创编、想象、表演、交流的综合能力，更好地体现了造型与表现的课程标准精神，让学生从小树立学习美术是为了美化生活、创造生活的思想，从而有效地提高学生表现美、创造美的能力。如在《小鸟找家》这一课中，当学生创作完成作品之后，通过小组表演的形式，让学生把创作的意图用小品的形式表演出来，既培养了学生的表演能力，又进一步深化学生的创作情感，丰富了学生多样化的学习方式，促进了学生全面发展。

四、合作创作式

许多美术活动仅靠一人之力，有时很难做得很好，而通过集体合作，却能收到良好的效果。因此，我们常围绕一个主题，或小组合作创作，或班集体合作创作，共同完成一件作品或一幅组画。这样既培养了学生集体主义精神和协作意识，也充分发挥每一个学生的创造潜能，让学生体验到成功的快乐，共同品尝丰收的喜悦。例如，在一次以环保为主题的校园组画创作比赛中，全校学生以班级为单位，进行集体创作，共同完成一幅代表本班水平的组画作品。学生们个个跃跃欲试，认真构思想象，明确分工责任，创作出一幅气韵生动、含义深远的环保组画作品。

五、比赛评选式

在美术课堂教学中常采用小组比赛评选的形式，通过组与组之间的合作与竞争，在组内形成合作学习的机制，在组与组之间形成竞争的机制，激发学生自主学习的兴趣，培养参与竞争的意识，感受竞争活动的乐趣，更好地发挥合作学习的效益。另外，对于各个小组的比赛可进行多元化的评价方式，以进一步激发学生参与合作学习的热情。例如，在创作完美术作品后，通过小组间的展示、交流，最后评选出最佳设计奖、最佳制作奖、最佳创意奖、最佳表演奖、最优秀小组……使每一个小组在不同方面都获得奖励与鼓舞。

六、师生互动式

教师是学习的组织者，更是学习的参与者，教师应放下架子，以平和的心态，参与到孩子的学习活动中，使孩子感到教师的亲和与亲近，在一种完全和谐的氛围中实现全体学生自主参与的热情。在自然、常态的情景中，激发学生学习美术的兴趣，发展学生的思维和创作潜能。强调学生在学习中的主体地位，将学生看作教育过程的平等参与者、合作者、教育与自我教育的主体。通过合作学习确立师生在教学中的平等地位和合作与互动关系，有效地增强师生间的交流，进一步培养平等合作的师生观和教学观。在学习过程中，我们强调建立教学相长、交流互动的师生关系，变“传话”为“对话”，使教师成为“平等中的首席”，要“蹲下身子与学生对话”“同学生一起成长”。

总之，在美术教育过程中，要突出合作学习意识，通过美术活动、分组学习，合作完成较完整的美术作品，进一步培养学生的团结协作精神。这不仅有利于学生之间的交流沟通，促进学生的主动性、创造性和民主平等精神的发展，也能提高学生人际交流和语言表达能力。

第四节 基于审美素养教育的美术课堂

小学美术教师要着重在美术课堂中实践审美素养教育，增强学生认识美、欣赏美、创造美的能力，渗透审美教育，以美育人，充分发挥美术的教育功能，在“欣赏·评述”“造型·表现”“设计·应用”和“综合·探索”四个学习领域中体现审美素养教育。

良好的审美素养对人的高尚的道德情操的养成，促进人的智力的发展，增进人的身心健康，培养人的意志品质等方面有着积极的作用。基础教育阶段的美术课程要立足学科特点，注重培养学生的审美素养，要从过去重在培养学生的美术知识与技能，转变为促进学生美术能力与人文素养的整合发展，要重在引导学生从对美术形式的感性直观和初级的感官体验，走向对其意义的体验和把握，感悟审美对象的精神气质。

一、 审美素养教育的意义

“审美素养教育”指的是：在学校的教育教学实践活动中，通过美的事物或活动培养学生的审美智慧，同时也有助于培养学生良好的人格品质，全面提高学生综合素养的一种教育模式。小学美术课堂要根据学生的年龄特点，构建“轻松愉悦、生动活泼”的“审美素养教育”模式，让学生在美的课堂氛围中，潜移默化地受到美的熏陶，获得美的体验，形成美的知识、观念、技能，从而陶冶高尚的道德情操，造就完美人格，达到“以美育德，以美启智，以美激创，以美养心”的教育目标。

二、 美术课堂实施审美素养教育的基本策略

美术课堂教学是实施审美素养教育的主渠道、主战场，美术教师要挖掘与把握美术学科教学活动中蕴藏着的丰富的审美因素，把审美教育渗透在学科教学中。

1. 创造美术课堂中的审美氛围。

良好的教学氛围宽松民主、幽默活泼、协调有序、亲切美好，具有一定的审美意味。这种氛围会使学生精神舒畅愉悦、情绪活跃，思维富有张力，学习积极性高涨，从而促进学生高质量地完成学习任务。

要创造这种具有审美性的教学氛围，教师要树立正确的学生观与教学观，在精神上与学生平视，建立一种民主的、融洽的师生关系和生生关系，要树立正确的学习评价观，对学生的进步、长处、亮点要多鼓励、肯定、表扬；而对学生的退步、短处、缺点要热情启发，给予指导点拨，承认差异，分层发展。在学习的过程中，尤其要关注那些平时不爱动手动脑的学生，鼓励他们大胆动手、勤于思考、敢于质疑，使他们积极参与到整个课堂中；而对于那些平时动手动脑能力较强的学生，要积极引导他们学会合作、学会交流，在学习过程中养成敢于争鸣、勇于创新的科学态度，从而使各类学生通过本次学习，都能有所收获、提高和发展。

2. 挖掘美术教材中的审美因素。

小学美术教材是教学的依据，蕴藏有诸多审美素养教育的因素。要注意用审美的眼光审阅教材，感知与寻找教材中的审美点。这就要求教师要有良好的审美素养，才可以把握住教材中的审美点；同时要求教师要有渗透审美素养教育的意识，抓住教材中的审美点，精心准备，教好教活，发挥其审美价值。

3. 把握美术领域中的审美品格。

美术教师要在美术课堂中实践美育研究，增强学生认识美、欣赏美、创造美的能力，渗透美育教育，实现以美育人，充分把握美术课程的四大学习领域，对学生进行审美素养教育，涵养学生人格品质，提高学生审美素养。

（1）在“欣赏·评述”中陶冶情操，让学生感悟美。

美术“欣赏·评述”教学是美术教学中的重要内容，它有助于提高学生的基本美术素养，培养审美能力和欣赏能力，有助于发展学生的创造力和想象力。学生的审美发展也来源于历史生活、现实生活与未来生活，并不断引领学生认识美、欣赏美，这也就是培养学生的审美意识。如果学生在这两方面的能力都得到了提高，那么他们将终生受益。在美育中融入情感教育，唤醒学生民族情感，使学生认识美、欣赏美和感悟美，进而促进审美能力和审美品位的提高。

（2）在“造型·表现”中自主参与，让学生表现美。

“造型·表现”学习领域不是以单纯的知识、技能传授为目的，而是要贴近学生不同年龄阶段的身心发展特征与美术学习的实际水平，鼓励学生积极参与造型表现活动。在教学过程中，应引导学生主动寻找与尝试不同的材料，探索各种造型方法；不仅关注学生美术作业的结果，还要重视学生在“造型·表现”活动中参与和探究的过程。在造型的过程中让学生表现美。

（3）在“设计·应用”中激励创新，让学生创造美。

在美术教学“设计·应用”学习领域中，主要目的是使学生了解“物以致用”的设计思想，并运用设计和工艺的基本知识和方法，进行有目的的创意、设计和制作活动，培养学生创新意识和创造能力；感受各种材料的特性，合理利用多种材料和工具进行制作活动，提高动手能力；了解艺术形式的美感及其与设计功能的统一，提高对生活物品和自己周边环境的审美评价能力，激发美化生活的愿望；更要激励学生创新的意识，使学生认识到自己创造美的能力。

（4）在“综合·探索”中合作探究，让学生体验美。

“综合·探索”领域是指通过综合性的美术活动，引导学生主动探索、研究、创造以及综合解决问题的美术学习领域。在教学实践中，如何让学生充分感受生活，发现美、领悟美，用心体验美，进而大胆地创造美？教师要从学生出发，去寻找美术各门类、美术与其他学科、美术与现实社会之间的连结点，设计出丰富多彩的“综合·探索”领域的课程，使学生能灵活运用各学科知识进行探究性、综合性的美术活动，提高综合解决问题的能力，拓展想象空间，开阔视野，激发探索未知领域的欲望，体验探究的愉悦与成功感。

席勒说：“只有美才能使整个世界幸福，谁要感受到美，他就会忘记自己的局限性。通过美，我们才能达到自由。”美育是感染出来的。在美术课堂教学中渗透审美素养教育，犹如“春雨润物细无声”，这种潜移默化的美育渗透，是其他美育方法无法代替的。因此，只有在美术课堂教学中，把美和学生的学习紧密结合起来，以美育人，才能充分发挥美术的教育功能，促进学生的全面发展。

第五节　美术课要让学生“由心而学”

美术课是义务教育阶段的一门必修的艺术课程，是对学生进行美育、实施素质教育的重要途径。新时期的美术教学应该让孩子在情境中丰富情感体验，大胆表现自己的个性。

当前，在大力推进美术学科素质教育的过程中，应注重儿童潜能的开发与个性差异，引导自主参与，培养创造能力，优化课堂教学，使他们的各种能力与素质在主动参与中得到培养和提高，这是提高美术教学质量的一个重要途径和基本保证。

一、自主参与，激发学生学习兴趣

新课程理念明确要求我们的教学要以“人”为本，这就要求我们教师，必须了解学生，走进学生的心里，想学生之所想，教学生之所需；让学生的心灵得到自由，让个性得到解放，画心中之画，表心中之情。正所谓让学生“随心所欲”，来激发学生的学习兴趣。

1. 以新激趣。

学生普遍具有一种猎奇心理，新奇的东西往往会激起他们探索事物的强烈欲望，这就要求教师挖掘教学内容的新意，使之有新鲜感。如在上《红色的画》一课时，把三原色中两种颜色相调和，就会出现另一种颜色，这一变化，学生没有见过，觉得很新奇，很好玩，兴趣顿生。教师可利用这一效果，让学生自己动手，调一调不同颜色混合后出现的新颜色，最后让学生自己去发现规律，得出结论。

2. 以情激趣。

在绘画教学中，有许多内容都包含着一定的思想性，加上学生的情感发展很快，教师要努力去拨响学生学习后的“情弦”。学生动了情，继而就有了趣，有了与教师、作品同频共振的情趣，教育效果可想而知。

3. 以美激趣。

“美”是美术课具有的独特的优越之处。“爱美之心，人皆有之”。教学当中，我们应充分挖掘学生的审美意识、审美需要和审美潜能，让他们体验到教材之美。如果能使学生沉浸在美的氛围中，就会收到“惟恐聆听之不周，不知铃声之既响”的效果。

二、巧置情景，调动学生的感知欲

美术课要让学生喜欢美术，就必须要让他们从心里对美术产生一种需要。要了解学生的需要，要让学生产生美术学习的需要，就必须深入地了解学生的生长环境及生活。例如，在教学《花团锦簇》这一课时，我改变传统的教学模式，让学生走出教室，让他们到花园去嬉戏、去体验、去感受实实在在的花，让他们在花园亲自去体验鲜花的美，体验花香的惬意，体验在鲜花中的欢乐与激情，所有的这些，使学生沉浸在愉悦和激情中。在这种愉悦与激情中，他们的感知由被动变为主动，由呆板变为敏锐。久而久之，这种感知会成为一种心理需要，变成一种自觉。所以，我们必须让学生主动地、充分地感知生活和环境，做到“心中有画”。

三、体验情感，激发学生的创作欲

对于学生来讲，他们所描绘的每一个点、每一条线都是一种内心世界的反映，是一种情感的外在体现。作为美术教师应该认真地看待，悉心体验。在我们的美术教学中经常会有这样的现象：有的学生在教师布置完作业后，一会儿就举起自己的作业本让老师看，“老师，你看我画得怎么样?”乍一看，他只是在自己的本子上画了一些你不知名的点与线罢了。对于这种现象也许你会很气愤，但如果你了解学生的话，就会知道这不是小孩的一时冲动，也不是他的故意作秀，而是给你传递了一个重要的信息：这位学生开始喜欢上了美术，他只是在试探老师对他的态度，需要的是得到老师的表扬。

例如，在教学完《画夜景》后，大部分学生按老师的要求完成了作业，但有一个学生没有按老师的要求画出烟花的不同形状与色彩，从头到尾画的是长短不同的线条与大小不同的点，这些点和线充满了整个画面，看上去很乱。对于这种情况，我没有批评他的马虎与浮躁，反而表扬他观察生活仔细、角度独特。从此以后，这位学生的作业做得非常认真而有个性。在以后的教学实践中，我总喜欢站在小学生的心理角度上，去发现学生的独特视角和情感，用恰当的教学手段去激发孩子们强烈的创作欲望。

四、积极引导，满足学生的“成功欲”

在教学中如果能满足学生的兴趣和需要，在没有心理压力的情况下，许多学生常常会在各种场合自发地旁若无人地作画，并会长时间陶醉于这种乐趣之中。我在二年级教学中发现，有一位学生不管老师教哪一课，都是心不在焉，敷衍了事，然后开始画小人物形象。我对这种“不务正业”的现象先是采取制止的办法，让他认真听课，完成课堂作业，可结果他的课堂作业还是完成得很不好。之后他又多次出现这种现象，我于是改变了策略。我故意不出声，让他尽情地画，甚至还有意鼓励他画，结果我惊奇地发现他画了整整一本子的人物形象。这些人物形象，不管是比例，还是神态都很准确，惟妙惟肖。此后，我开始有意地去指导他，把他的小人物作品在班上传阅，鼓励他进行小人物画创作。现在，这位同学不管是美术兴趣，还是绘画技能都得到了很大的提高。

总之，美术课堂教学应该从学生的角度出发，了解学生的心理需求，正确引导，让学生的心灵得到自由，让学生的个性得到淋漓尽致的张扬，事事处于一种“随心所欲”的自由状态，让美术成为他们抒发情感、表现个性的载体，相信他们对美术学习的热情会越来越高。

第六节　拓展美术教学提升审美素养

当前，强调将“美术”与其他学科整合的情况，使得美术教学的形式更多样化了，也很好地展现了“艺术的相容性”，但是内容却过于简单和单薄，并且学科间的“过分”相互渗透，也使得教学在某些程度上受到了限制。那么，如何在课本以外，找到新的突破口，进行很好的延伸教育和拓展教学，从而提高学生的审美和人文素养，将成为美术教学的重中之重。

所谓拓展教学，即知识的扩展和延伸教育，要求学生能够做到举一反三、触类旁通、大胆创新。这期间就要求教师能够很好地将书本知识与生活经验相结合，在探索中迸发出新的灵感与火花，展现不同于“说教式”的新颖教育。拓展教学，无疑是美育的一项重大工程，它能使学生更好地去实现《美术课程标准》的要求，激发学生发现美、感受美、鉴赏美，并且真正做到创造美。

一、拓展教学，激发兴趣

教师应积极创造生动的课堂氛围，了解学生的兴趣和需求，让学生能够在自由、轻松的环境中与教师展开积极有效的互动，并且敢于表达自己的想法，展现自己的创意。在思维上积极活跃起来，既能畅所欲言，又敢大胆质疑；既乐于互相讨论、交换意见，又愿争着表现、尝试。而一个与孩子生活兴趣息息相关的课题，则能在拓宽知识面的同时，激发孩子更为浓厚的学习热情，既能锻炼学生运用已有经验、知识巧妙解决问题，又能吸引学生的注意力，激发兴趣和求知欲，还能培养学生的创造性思维和创新意识，更能引导学生主动思考、争论交流以获得新知识和新思路。因此，有效利用课本提供的一部分知识，并结合学生的兴趣爱好进行延伸教学，能使学生提高对美术学习的热情，并且养成发散思维、集中思维、反向思维的好习惯，还能使他们把学过的东西融会贯通、合理巧妙地加以运用。

例如教学《我用彩泥捏动物》时，在学习完相关动物的彩泥捏制的技能技法后，难道彩泥就这么被使用完毕了吗？在了解学生平常接触的游戏后，我大胆提出拓展课题，使用彩泥捏造“植物大战僵尸”中的植物，孩子们欢呼雀跃的激动场面足以告诉我，这一课他们将会十分感兴趣。因此，适时地提出植物的一些特点，并加以示范，再由孩子们进行自由讨论，甚至让他们先在画纸上勾勒出该游戏中自己最喜欢的一种植物的模样。孩子们本着对该游戏的熟悉和喜爱，很快就将本课的重点高效完成。结合前一课的彩泥捏动物，再在画面上添置本课所学的植物技法，整个画面变得十分丰富多彩。这样一来，拓展教学不仅激发了孩子们的兴趣，更使知识进一步融会贯通，加强了教学的连贯性，促使学生学以致用。

二、拓展教学，提高创意

传统的美术教学采用教师示范、学生临摹的教学方式，就连作业讲评时也是偏向于临摹得较好的同学。这样的方式其实是偏执的、保守的，更有可能会扼杀另一部分孩子的想象力和创造力，甚至不利于孩子潜在智能的进一步开发。

所以，有效进行课外延伸的拓展教学，改变单一的评价方式，采用师生互评、生生互评的多种评价方式相结合，将能使学生轻松愉悦地徜徉在想象的海洋，孩子们灵动新奇的思维火花就会被瞬间点燃。如在执教《美丽的彩虹》时，除了让孩子了解基本的彩虹的成因、色彩层次以外，还应让学生学会联想，完成类似“彩虹桥”“彩虹头发”“彩虹雨伞”等等的创意想象，加以绘制就算完成了本课的任务。但是我们应该思考，除了这些我们还能教给孩子什么？还能让孩子们探索到什么？于是要求学生们展开新一轮的想象力比赛，以四人为一个小组，利用废旧彩色的糖果纸制成与彩虹相关的作品。学生通过相互讨论，交换了意见，变废为宝，制成了包括“彩虹衣裳”“彩虹皇冠”等富有创意并且环保意识浓厚的一系列优秀的手工制作作品。在展示作品的过程中，评分不再是教师的独权，更多的是让孩子参与其中，互相评价，看到他人优点，了解自己不足，日后方能取他人之长补自己之短。拓展教学，新意不断，创意无穷。

三、拓展教学，融入生活

美源自于生活，更高于生活。再多的理论教学和艺术审美，其实都是源自于我们最真实而普通的生活。美术教育正是灌输、培养学生发现美的重要途径。

对于什么是“美”，也许每个人都会有自己不同的看法。毕达哥拉斯说“美是和谐”，柏拉图说“美是理念”，李泽厚说“美是真理的形象”，车尔尼雪夫斯基说“美是生活”！

因此，归根结底我们的美术教育不单纯的只是让学生懂得美术的基本知识和基本技法，更是要培养他们从生活中挖掘美的能力。由于小学生刚接触美术知识，他们的模仿能力和记忆力都比较强，所以我们可以很好地利用这一特征去开展拓展教学，引导学生观察生活，让学生把自己喜欢的情景画下来，把生活扩大化、创新化，把自己的情感在绘画作品中表现出来。如教《奇妙的声音》一课，声音如何体现，这就要求学生能够联系生活中的所见所闻，将耳朵听见的转化为眼睛可以看见的样子表现在画面上，这样一个意境的表达对于一年级学生而言，似乎有些抽象，但是教师配合拓展一定的实物教学，让孩子们闻其声、辨其形，将模糊不可知变为可知可感。

生活既是艺术的源泉，也是情感的源泉。启发学生回忆生活，在艺术活动中唤醒他们对生活的感受，引导他们用基础的艺术形式去表现内心情感，在愉快充满幻想的艺术教学中，用自己的思想来思考，用自己的方式来表达，用自己的意愿来创造，实现个性优化和身心素质全面和谐发展。拓展教学，只有融入生活，方能表现生活，感知美好，让美育变得切实可循。

总而言之，拓展教学应淡化课内与课外的概念，实现知识的融会贯通。而小学生今天所学的知识，都是为明天迁移时运用掌握做准备，从而进一步培养他们的创新思维与能力。因此，在美术课堂中我们要努力做好拓展教学以及知识延伸，让孩子们获得更多课本以外的实用的有效信息，从而让他们真正地体会生活，爱上美术。

第六章　儿童审美品质与能力培养

良好的审美品质对人的高尚的道德情操的养成，促进人的智力的发展，增进人的身心健康，培养人的意志品质等方面有着积极的作用。为切实培养全面发展的一代新人，我们要注重培养儿童的审美品质与审美能力，提高儿童的审美素养，促进儿童健康成长。

第一节　儿童审美品质与能力培养的价值意义

美育，是素质教育中的重要任务，它同素质教育中的其他形式的教育存在相互促进、相互补充、共同发展的关系。在学校教育中应努力构建“轻松愉悦、生动活泼”的“审美教育”体系，让学生在这个美的体系中，潜移默化地受到美的熏陶，获得美的体验，形成美的知识、观念、技能，陶冶高尚的道德情操，造就完美人格，达到“以美育德，以美启智，以美健体，以美促劳”的全面发展的育人目标。

审美品质和能力是一门必修课，对于陶冶情操、启迪智慧具有重要作用。审美能力的高低对一个人的观察力、想象力、创造力的培养和发展，具有非常大的作用。

首先，要加强美学知识的学习，增加审美知识的积累，明确什么是美，什么是审美，为什么审美，只有把这些基本的审美知识弄清楚了，才能为审美能力的提高奠定坚实的基础。如果连什么是审美都不知道，那谈何审美能力的提高呢?

其次，进行审美能力的培养，一定要从多个角度、多个层次进行，以艺术教育为主要途径及主要内容，将其落实到审美教育的每个环节中去，从而提高学生审美的品质和能力。

再次，若要提高自身的审美能力，还要在平常多加强对艺术作品的欣赏，不只是接触些美术和设计有关的知识就足够了，还要培养自己多方面的艺术修养，比如说音乐、舞蹈、歌剧等等。只有积累更多更广泛的知识，才能逐步积累自己的审美经验，才能提高自己的人文素养。

同时，平常生活中还要注意多观察周围的世界，在观察中要善于用眼、用心、用脑去体味，使审美能力在生活的点点滴滴中逐步提高起来。

审美教育作为素质教育的有机组成部分，具有相对独立的地位，全国许多地区、许多学校已在扎扎实实地开展审美教育。提高学生审美品质与能力会使学生由被动地接受思想品德教育，到主动地达到心灵境界的转化，可以提高学生对科学美的感知能力，可以达到培养学生个性、增强创造力的目的。

第二节　儿童审美品质与能力培养的目标追求

审美教育作为素质教育的重要组成部分，已是一个相对独立的教育体系，它是面向全体学生，实施全方位、全时空的教育。它几乎覆盖学校教育的各个方面，通过各种美的事物对学生进行全面发展的素质教育。其实质是以情感教育为核心，以培养健康的审美观念和审美能力为宗旨，使之自然地渗透于各学科、各课程的教育教学实践活动的过程中，使学生在日常学习生活中，潜移默化地受到美的熏陶，培养感受美、鉴赏美和创造美的能力。因此，应把审美品质与能力培养作为实施素质教育的突破口，从而促进儿童全面发展。

一、学校审美目标

一是构建审美教育实践操作模式，培养儿童审美品质与能力。

二是构建各学科渗透美育的教学模式，培养儿童审美品质与能力。

二、主要实践方向

一是培养教师的审美能力，建立一支人人参与审美教育模式构建的素质较高的教师队伍。

二是调动学生乐学情绪，发展学生的认知、审美、实践与创新能力，提升学生的审美品质，奠定学生全面发展的基础。

三是依托艺术学科教学，兼顾其他学科美育渗透，营造轻松愉悦、生动活泼的育人环境。

四是完善校外美育基地建设，全方位构建美育体系。

第三节　儿童审美品质与能力培养的基本路径

一、审美品质与能力的概念界定

审美品质与能力是在人学习、训练和实践经验、思维能力、艺术素养的基础上形成与发展的，是以主观爱好的形式体现出来的对客体美的认识、评价和再创造，是感性与理性、认识与创造的统一。审美品质主要在艺术创造与欣赏中形成并获得发展，因此有时也称为“艺术鉴赏力”。它既具有鲜明的个性特征，又具有社会性、时代性、民族性。审美品质与能力的提高有助于以美的规律和美的理想去改变世界，发展文明的、健康的、科学的生活方式。

二、审美品质与能力培养的实施路径

在审美品质与能力培养中，应着重通过素质教育中的“美育”理论体系，构建审美教学的模式，实现以美育人的目的。

一是“艺术课程教学中的美育”。挖掘艺术教材中美的因素，尝试以生动形象的情感教育实现艺术教学的艺道结合，培养学生美好的情操，创设“以艺育美”模式的运行机制。

二是“学科教学中的美育”。建立各学科美育教学模式，营造美的氛围，让学生置身其中，学习求知，实践创新，受到美的熏陶，培养学生感受美、鉴赏美的能力，深化美育施教工作。

三是“社会实践中的美育”。开辟美育课外活动阵地，构建富有鲜明特色的“社会实践美育”系列活动。

三、审美品质与能力培养的主要做法

首先，是成立学校审美教育领导小组，领导小组由校级领导、中层干部

和若干科研骨干教师组成。

其次，是建立理论学习制度，有计划地围绕审美教育专题组织教师学习相关理论，邀请专家来校开设理论讲座，并给教师印发或推荐有关审美教育的理论资料。

第三，聘请专家担任学校审美教育的专业顾问。

第四，建立科研化的校本教研制度。改革传统的教研、备课制度，使教研时间成为各教研组、备课组研究审美教育专题的时间。

第五，建立审美教育实践制度。除了在日常的教育教学中实践外，还要求教师每学期开设一堂在学科教学中进行审美教育的观摩课或审美教育专题研讨课，每位教师每学期撰写一篇审美教育专题研究论文。

第四节　儿童审美品质与能力培养的成果探索

学校要通过围绕审美教育专题，积极开展丰富多彩的美育活动，形成浓厚的美育氛围。教师应努力探索培养学生的审美品质，全面提高学生审美能力的有效方式。特别是美术教研组在美育专题研究中要勇挑重担，刻苦钻研，大胆改革现行课程，努力探索美术教学新模式。通过美育的研究与实践，促进学校教学改革的深入发展，提高学生的审美品质与能力。

一、　注重美育师资队伍的培养

教师是美育的实施者，实施者应具有较高的审美素养。古人云：“欲齐其家，先修其身。”前苏联教育学家赞柯夫也说：“教师本身要具备这种品质——能够领会和体验生活中和艺术中的美，才能在学生身上培养出这种品质。”因此教师应具备审美感知力、审美鉴赏力和审美创造力。这是一种审美综合能力。只有具备这种能力，教师才能按照美的规律进行创造性的教育教学实践活动。学生在教师这种具有创造性的审美教育教学活动中，才会越学越好，越学越乐，美在其中，其乐融融，如浴春风，如饮甘泉。一句话，没有审美素养的教师，便不可能进行审美教育。

为此，要按照“宣传发动、学习培训、教研探讨、总结提高”的程序加强审美师资队伍的建设。

首先是学校领导要采用全体动员与个别交谈相结合的方式深入细致地开展“美育”宣传工作；教导处分阶段聘请专家、学者开设“美育”专题讲座；年段长定期组织教师学习教育文件与政策、法规；工会充分利用社区、家委会以及共建单位的人才资源，举办各种培训班，如，动漫班、剪纸艺术班、书法艺术班等；学校还应对全体教师进行电脑上机操作和多媒体教学手段的使用培训，提高利用信息技术进行审美育人的水平。教师通过有目的的学习，在思想上统一认识，消除消极情绪与畏难心理，把握国家现行的教育方针，明确审美教育在素质教育中的地位，转变教育观，树立新的教学观、人才观，提高自身的审美素养；同时掌握审美教育的理论知识、辩证关系以及美育渗透原则，为开展审美教育奠定基础。

其次是学校要购买大量书籍，订阅多种美育杂志，供老师们借阅；发现好的文章及时印发给老师，让他们在不断的学习中提高自身的美育素养；同时还要积极创造条件，拨出专项经费，选送骨干教师外出学习、取经，回来再给其他教师汇报学习心得。此外，经验丰富的老教师、骨干教师要开设示范课，供青年教师观摩、借鉴。教导处建立并完善“导师制”“集体备课制”，把“美育”中有效经验推广开来。学校还应经常鼓励青年教师，在教学实践中要不断探索、大胆创新、勇于突破旧的教学模式，创设美的课堂氛围，把枯燥无味的学习变成学生自觉的审美过程，落实学生的主体地位。

第三是引导全体教师积极参加学科美育教学研讨活动。师徒每周分别开设一堂示范课、汇报课；骨干教师每月开设一堂不同类型的实验课；每位教师每学期开设一堂精心准备的观摩课，写一份有关美育的经验总结或论文。研讨活动逐步规范，建立起“备课有记录，听课有反馈，教者有总结”的审美教育研讨活动的运行机制。制订骨干教师的培养方式，“给其施压，催其奋进，创造条件，促其成功”，并邀请省、市美育专家到校随班听课，提出建议，帮助骨干教师总结提高。

第四是在审美教育实践的高潮中提高教师的科研素质。通过举行美育阶段汇报，形成审美研究的氛围，让全体教师积极参与，与美育教师一起备课、研究、制作课件，一起调整教学方案……大家齐心协力，把美育活动推向高潮。同时邀请省、市、区同行、专家前来参加，让他们参与听课，参观美育资料展示，提出意见和建议，供学校总结改进。还可与区教研室合办“美育论文专刊”，为教师交流经验、展示研究成果提供宝贵的园地，提高教师科研的积极性。

二、 注重学科教学的美育渗透

课堂教学是实施素质教育的主渠道、主战场，自然也是实施美育的主要途径。挖掘与把握学科教学活动中蕴藏着的丰富的审美因素，把审美教育渗透在学科教学中，是实施美育的一个重要途径，也是培养学生审美品质与能力的一个主要渠道。

1. 创造审美教学氛围。

首先，教师要树立正确的学生观与教学观，在具有良好教学组织能力的前提下，态度应大方亲切，语言应准确、生动、简洁，用美好的教学语言生成美好的教学氛围，激发学生学习兴趣。其次，教师要“蹲”下来，在精神上与学生平视，建设一种民主的、融洽的师生关系和生生关系，在课堂上形成良好的交流、论证、讨论、质疑、碰撞、互激、互补的学习气氛，让学生体会到学习的愉快，增强自信心和审美趣味。再次，教师必须树立正确的学习评价观，对学生的进步、长处、亮点要多鼓励、肯定、表扬；而对学生的退步、短处、缺点要热情启发，给予指导点拨，承认差异，分层发展。

2. 把握教材美育因素。

小学各科教材是教学的依据，蕴藏有诸多美育的因素。要注意用审美的眼光审阅教材，感知与寻找教材中的审美点。各科教材特点各异，只要教师有良好的审美素养，就可以把握住教材中的审美点。如语文教材中的景物美、人物美、情感美、节奏美、言语美等，数学几何图形中的图形美，科学学科中的自然美，道德与法治课中的情景美等都是我们在教学中渗透审美教育所必须把握住的。

审美品质与能力不会从天而降，需要我们去培养，在美术学习中通过挖掘美术教材内容，加深学生对生活的理解和热爱，培养高尚的道德情操，提高丰富的艺术修养。在美术教学中如何凭借教材对学生进行审美教育，做到绘画基础知识、技能与陶冶美好心灵和谐发展呢？首先应充分挖掘教材中的审美教育因素，激发学生去了解我们祖先创造的艺术文明，用审美的规律去感受和欣赏前人给我们留下的宝贵的艺术文化遗产，为我们的祖先骄傲和自豪。教育德为首，在小学美术教学中还可以把明理寓于美的形式中，借助美育的形式，来提高德育的质量，把美术课与美德教育有机结合起来进行教学，如在描绘祖国美丽的河山，家乡的名胜古迹时，进行热爱大自然、热爱祖国、热爱家乡的思想感情教育，让学生在美的境界中学会做人的道理，形成高尚的思想道德观念。

3. 美化教学活动过程。

首先是教师的教态美。教师的教学体态、神态、语言等要表现出足够的审美意味，这不但对提高教学效果是必要的，也将对学生的审美知觉产生潜移默化的影响。

其次是教学的方法美。教学过程要注意审美的渗透，教学内容中的审美点本身是静态的，需要教师的动态教学来使它产生审美的价值。教师要善于就审美点的学习进行铺垫、衬托、设问、阅读体验、讨论、多角度认知、想象、模仿、运用……由此形成一个充满学习与审美愉悦的学习“场”，使学生不仅能通过教材审美点的学习获得美感，也能通过其他教材内容的学习获得审美体验。

第三是教学的节奏美。教师的教学节奏要有张有弛，有快有慢，有平地有高峰，形成美好的教学节奏的规律性运动，使学生充分体验到学习生活的愉悦，这对学生审美素养的形成也会有间接的影响。

如，在上《红色的画》《黄色和蓝色的画》两课时，让孩子认识三原色、三间色。我感到用一般的抽象的讲授，孩子们是很难接受的，于是我就考虑这样一种做法：用水彩颜料调成红、黄、蓝三种色彩的水，分别盛装在三个玻璃试管内，再拿三个空试管，一齐放在试管架上。课堂上让学生认识三原色时，把三种色彩的水展现在学生面前，讲什么是间色和间色是由哪两种原色调配成的，就拿试管做演示。当我把两种色彩的水倒入一个试管内晃动变成间色时，学生一边拍手一边喊出声来。做法虽然很简单，但形式较为新颖，孩子们像看魔术一样看老师演示，兴趣很浓。让学生做实验，红色＋黄色＝？色，红色＋蓝色＝？色，蓝色＋黄色＝？色，两种原色的量不同调成的间色也会不同。这样学生记得牢、记得深，又证明了知识的科学性，同时学生也学会调色方法，效果很好，让学生在轻松、愉快的氛围中学习绘画艺术。

三、 注重活动课程的美育渗透

多彩的校内外活动是课堂教学的延伸和发展，是提高学生综合能力，特别是审美能力的有效途径。为此，学校尤其应注重通过校内外活动的开展，让学生在丰富的活动中接受一种更感性、生动的形象教育和更自由、愉悦的情感教育。

1. 校内活动。

校内活动是美育的重要途径，学校通过组建美育兴趣活动小组，选聘有专长的教师任教。学生根据自己的兴趣爱好挑选活动项目，每周二、五下午安排一个小时保证学生参加活动。在活动课上做到活动计划、教学内容、活动记录、指导教师、活动时间、活动地点、参加人员七落实。在教师的精心指导下和学生的积极参与下，学生用自己智慧的头脑、灵巧的双手制作出一幅幅精美的作品。丰富多彩的兴趣小组活动增强了学生丰富的想象力和创新能力，表达了他们对生活和未来的美好向往和憧憬。

学校还可通过举办书法比赛、手工制作比赛、绘画比赛等，定期开展主题活动，培养学生动手实践能力，形成技能技巧。同时，利用晨会课等，介绍审美知识，扩大知识面，培养学生的爱美情操。

校内活动课程的实施，培养了学生的特长，提高了学生的审美能力，启迪了积极向上的思想，使学生在活动中展示了才华，体现了自身价值，磨炼了意志和品格，体验了成功的喜悦和创造的快乐，培养了学生感受美、鉴赏美、创造美的能力和高尚的道德情操。

2. 校外活动。

社会实践活动是美育的“绿色课堂”，要特别注重校外活动的开展，让学生在社会实践中受到美的教育。学校要以年级为单位，进行不同主题的社会实践美育活动，一至六年级的主题依次是“行为养成中引导美”“动手制作中展示美”“设计活动中鉴赏美”“劳动实践中创造美”“社会环保中守护美”“服务社会中撒播美”，面向全体，分段施教。各年段根据主题制订相应的活动计划，并根据计划自主地开展活动。

一年级：行为养成中引导美。活动目标：A. 通过行为养成教育，让学生知道从小讲文明、讲礼貌是人的一种美德；B. 通过各种生动活泼的活动，让学生在实践中养成良好的行为习惯，塑造美好的品格。为达到目标，开展的系列活动有：利用早会、队会进行“一日常规”“小学生守则”“五有五无”等文明礼仪的教育；收看和收听有关文明礼仪的电视和广播节目；进行“文明礼貌用语”的评比活动；开展书画比赛、故事会以及课本剧、小品表演。一年级的学生在这系列活动中良好的行为得以养成，美好的心灵得到塑造。

二年级：动手制作中展示美。活动目标：A. 结合生活实际，开展美的教育，培养爱美的情趣；B. 让学生知道劳动可以创造美的生活，感受劳动的乐趣；C. 展示实践成果，让学生感受美，初步培养审美能力。开展的相应活动有：“小小花艺师”比赛；“校园秋色美”绘画展；自制贺卡大赛；拼贴画作品展；“我是小小服装设计师”比赛；自制一本童年画册。二年级学生在动手实践中，感受了创造的乐趣，培养了美好的情操。

三年级：设计活动中鉴赏美。活动目标：A. 以教室、卧室为主要实践阵地，让学生在动手之中创造美的氛围，提高艺术审美力；B. 在实践活动中，让学生树立自我服务及为他人服务的意识，培养处理能力和创新能力。开展的相应活动有：组织学生到附近博物馆参观；指导学生用所学知识自己动手布置教室；拍摄教室录像，参加“最美的教室”评比；“未来的家”绘画、模型制作展示会。三年级学生在动手设计活动中创新、赏美能力得到提高。

四年级：劳动实践中创造美。活动目标：A. 通过劳动实践，进一步加强艰苦朴素、热爱劳动的教育；B. 通过自己动手实践，进一步体会劳动可以创造价值，劳动可以创造美；C. 让学生在走进社会、服务社会中，懂得劳动可以为他人创造更多的美。开展的相应活动有：组织学生参加社区公益劳动，参加福利院义务劳动，树立劳动创造美的观念；组织学生参观花卉基地，学习植物栽培的相关知识；开辟“红领巾小花圃”园地，用自己的劳动创建美丽的校园。四年级学生在劳动实践中体会到劳动的意义——使人们的生活更加美好。

五年级：社会环保中守护美。活动目标：A. 利用广泛的手段，让学生认识大自然、热爱大自然，树立自觉保护大自然的意识；B. 让学生走进社区，爱护环境、保护环境；C. 通过动手实践，培养学生小主人翁意识，争当美的使者、美的护卫者。开展的相应活动有：组织学生观看电视片《人与自然》《地球的故事》；结合秋游，组织学生参观江滨公园、洛阳桥；开展“变废为宝”评比活动。五年级学生在这一系列活动中树立了环保意识，增强了热爱大自然之情。

六年级：服务社会中撒播美。活动目标：A. 通过不同形式的活动，让学生在生活中提高美的鉴赏力，塑造美的人格；B. 通过开展社会服务活动，激发学生热爱生活的情感，培养学生积极乐观向上的生活态度，增强其社会责任感。开展的相应活动有：组织学生到小区、派出所、邮局等机构进行访问，了解它们的过去与今天，激发学生热爱今天幸福生活的情感；校园小记者在行动——参观“预防青少年违法犯罪展”，组织学生设计“我理想中的校园”；服务社区，人人争当美的使者；城市建筑模型展；参观敬老院，为老人送爱心。六年级学生在服务社会中陶冶情操，升华人格。

学校还可组织学生春游、秋游 、夏令营、远足、爬山、游泳、采集标本、摄影、创作绘本、撰写游记……在活动中给学生讲名胜古迹、科学知识、风土人情、神话传说、名人诗词、历史故事等，帮助他们认识和理解自然，加深美感享受，提高审美、创美能力。

丰富多彩的校外活动，为学生们提供了锻炼的机会，同时也使他们了解祖国日新月异的变化，使学生“从小窗口看大世界”，使他们在实践中学本领、长才干，促进了审美教育向纵深发展。

四、 注重美术教学的美育实践

教学是教和学的统一体。教学方法既包含教师的教法，又包含学生的学法。重视学生的学法指导是实现从教到学的关键，是实施素质教育的重要途径。在美术教学中，应系统地把学法指导与学习过程联系起来，使学生有愿望也有能力参与审美学习，进行审美创造。美术教育是学校实施审美教育的主渠道，是进行美育实践的重要途径。通过加强美术教学，着力培养学生审美能力，提升学生审美品质。

1. 审美感知力的培养。敏锐的视觉感受和正确的观察方法是绘画中不可缺少的重要部分，很多学生认识不到这一点，因此在作画的过程中，大部分时间忙于涂抹自己的画面，画的多看的少，这时教师就应该调动全体学生的注意力，让他们有步骤、分层次地仔细观察，并说出绘画对象的结构、颜色、明暗等规律性的绘画因素，经过多次反复的训练，以提高学生敏锐的感知事物的能力。学生在绘画中观察比较具体对象后，思维就有了素材，接着以自身体验进行绘画就水到渠成。

如《自行车写生》一课，通过带领学生看校园里各式各样的自行车，让学生观察自行车各个部分可以用哪些线条来表现，然后看以前小朋友画的作品及书中的学生作品，进行比较，感知画面的处理、提炼，创作作品。学生刚开始画得不够具体，教师就反复引导学生观察修改自己的作业，直到画得较具体为止，从而培养学生良好的观察习惯，培养审美感知能力。

2. 审美思考力的培养。“想象是创作的源泉”，世界上许多创造发明都是从想象开始的。马约尔先生写过一句耐人寻味的话，“我们留下一个什么样的世界给子孙后代，在很大程度上取决于我们给世界留下什么样的子孙后代”。现在的学生正是未来的创造者，他们的思考创造能力将影响着一个民族能否自立于世界之林，能否位于科学技术的制高点，而这一切又深深依赖于一个国家和民族创新教育能否得到成功实施。《美术课标》上也明确指出：美术教学过程的情趣性、表现活动的自由性和评价标准的多样性，提供了创造活动最适宜的环境。通过美术课程培养的创造精神，将会对学生未来的工作和生活产生积极的影响。因此在美术课上要特别重视学生的创新能力，采取启发、体验、欣赏等多种方法，使学生思维的流畅性、灵活性和独特性得到发展，最大限度地开发学生的创造潜能，并重视实践能力的培养，使学生具有将创新观念转化为具体成果的能力。绘画教学中，我们可用创设情境的方法来拓展想象空间，在教学内容与学生求知心理间创设一种“不协调”，使学生在探索的乐趣中寻求知识，培养想象力。引导学生在基于绘画主体的基础上进行大胆合理的想象，充分发挥小学生富于幻想的天性，要用儿童的语言，天真烂漫地表现他们的内心世界，尽管每个人最后得出的结果不同，作品的风格、表现手法不同，但只要是符合艺术创作的基本规律，就应该给予肯定的鼓励，以提高学生的自信心，促进学生的个性发展。如《图形的魔术组合》一课，教师给学生出示几种简单的基本图形，请几名同学到黑板前进行排列组合，其他的同学在下面用练习纸进行组合，然后相互交流自己的想法，以培养学生的审美思考力。

3. 审美表现力的培养。动手操作是小学美术学科体现得最为充分的一个方面，尤其在手工粘贴画中，它要求学生手脑并用，画、剪、粘贴缺一不可，充分调动了学生全部的注意力，使他们始终在注意、好奇、自信及对成功的期望中进行创作。如《剪剪、画画、撕撕、贴贴》一课，引导学生对身边的事物进行观察，并在此基础上搜集各种可利用的材料，将各种材料运用剪、折、贴、卷、插等制作方法加工成各种画面，鼓励学生求新求异。因此，在美术教学中要加强对学生进行审美的自我表达，它也是训练儿童良好心理品质的一个有效手段。

五、 注重环境建设的美育探索

优美的校园环境和良好的校风在教育教学中会产生一种有形、有情的感染力，具有强烈的审美教育作用。因此，学校要注重创建良好的审美育人环境。走进花园式学校，校园四周绿树成荫，绿地上小草茵茵，花坛里花卉竞艳，学生一入校便有美的体验。

全校师生在享受美的同时，也会自觉主动地参与维护美、创造美的活动。学校组织全体师生积极参与环境美化建设活动，如：植树节种植花草活动、洁净环境的卫生大扫除活动、净化美化每片包干区等等，使校园既美丽，又洁净。广大师生看到这种美与自己的劳动密切联系，就会产生对环境美的呵护之情。

学校还可通过加强基地建设，在校园内分设固定宣传栏，经常展出师生的优秀作品。看到自己的才华在这里展露，师生们信心倍增，激发了他们努力拼搏的情感。教学楼每一层的走廊空间均可充分利用起来，分别挂上学生书画作品，设立玻璃橱窗和素质教育成果展板，使学生可以在楼道随时随地、潜移默化地接受审美教育。此外，学校还可以坚持开展“五有五无”“六项评比”“雏鹰争星”等活动，为美育的实施创造极其广阔的空间。优美的环境、良好的校风，有力地推动着学校审美教育的开展。

第七章　儿童审美与校园文化建设

校园是学校进行教学的主要场所，校园文化是学校进行教学的重要内容，通过它的物质形态、精神氛围，对师生在思想观念、心理素质、行为方式、价值取向等方面施加影响，从而发挥育人的作用。校园文化也是学校特色的重要表征，是学校进行美育的重要资源，是催生儿童生命审美的深厚土壤，是学校人文传统和优良校风传承的根本之源。学校应大力建设校园文化，全面提升师生审美素养，努力打造特色品牌。特别是校园环境的建设与营造，深深地浸染着学生的知情意行，潜移默化地影响着学生的人格。

第一节　校园文化的美育功能

校园文化是学校全体师生员工在长期的办学过程中形成并共同遵循的最高目标、价值标准、基本信念和行为规范，与人文素养教育有着十分紧密的关系，校园文化建设与人文素质培养是具有一致性的。同时，人文素养教育是塑造人类灵魂的教育，是塑造民族灵魂的教育，将其与校园文化结合可以更好地建设我们的校园，培养新一代的优秀学生。

校园文化是学校所具有的特定的精神环境和文化气氛，它包括校园建筑设计、校园景观、绿化美化等物化形态的内容，也包括学校的传统、校风、学风、人际关系、集体舆论、心理氛围以及学校的各种规章制度和学校成员在共同活动交往中形成的非明文规范的行为准则。健康的校园文化，可以陶冶学生的情操、启迪学生心智，促进学生的全面发展。

一、　校园文化的人文内涵

校园文化是学校本身形成和发展的物质文化和精神文化的总和。学校是教育人、培养人的地方，因而校园文化一般取其精神文化之含义，即师生在学校发展过程中，逐步形成的包括学校最高目标、价值观、校风、传统习惯、行为规范和规章制度在内的精神总和。校园文化对于加强师生员工的凝聚力，培养良好的校风，培育“四有”新人都具有重要的意义。学校没有了朝气蓬勃的学生，无论多么英明的领导团体，多么扎实的硬件设施，多么雄厚的师资队伍，都不可能使得一个学校的校园拥有强大的生命力。学生特有的思想观念、心理素质、价值取向和思维方式等是校园文化的核心，其本质是一种人文环境和文化氛围。在这种由学生以自己为主体营造的人文环境和文化氛围中，有校园特色的人际关系、生活方式，以及由学生参与的科学文化体育活动和各类文化设施，会作为校园文化的主要特征，充盈着校园的各方面建设，从而使得学校更富有生机和活力。

校园文化活动是自发的，也是自觉的；是受社会生活影响的，也受自我心灵主宰的；是无处不在的，也是充满现代意识的；是心灵的自然流露，也是充满创造力的；是受着时代文化潮流影响的，也是最能体现时代精神的。人生与社会，理想与追求，都会在校园文化中表现出来，扰人心怀，催人思索，引人前行。

二、　校园文化的人文特点

第一，互动性。校园文化是学校教师与学生共同创造的。学校领导的作用很关键，领导者的办学理念、办学意识和行为对师生员工的影响不可低估，学校各项决策对校园文化建设的作用是巨大的。

第二，渗透性。校园文化像和煦的春风一样，飘散在校园的各个角落，渗透在教师、学生、员工的观念、言行、举止之中，渗透在他们的教学、读书、做事的态度和情感中。

第三，传承性。校风、教风、学风、学术传统、思维方式的形成，不是一代人，而是几代人或数代人自觉不自觉地缔造的，而且代代相传，相沿成习。

任何一种校园文化，一经形成之后，必然传承下去，不因时代、社会制度不同而消失，当然有的会有所创新，然而其精神实质却是永续的、永生的。

三、校园文化的美育功能

校园文化的功能，不是直接可以触摸得到的，然而生活在校园之中的人却时时、处处可以感受得到。学生置身于和谐温馨的校园文化环境之中，受这种精神的熏陶，耳濡目染，潜移默化。久而久之，就会成为一个有知识、有教养、有进取精神，有良好气质、天天向上的人。因此，在校园文化构建中，要注重通过学科教学、美育活动、环境布置三个途径，实现校园文化的美育功能。

（一）挖掘学科的审美育人因素

为适应儿童的人文发展，涵养儿童的人文精神，提升儿童的人文内涵，要坚持“以美育人”的指导思想，根据儿童的实际情况，开发多元化的课程，让儿童在各类课程学习中发现美、感受美、向往美。为此，在教学实践中，要通过以下两方面的课程落实美育教育：一是地方艺术特色课程；二是学科课程。以地方艺术特色课程为主导，以学科课程为渗透，全面落实以美育人的校园文化理念，充分利用一切教育资源，营造美的环境，让学生浸润在美的教育中张扬个性，培养能力，塑造气质，全面发展。

1. 地方艺术特色课程的美育熏陶。

为了营造地方艺术氛围，让学生感受本土传统艺术的美，学校可通过地方文化环境与地方艺术特色课程的建设，感染、熏陶、激励、启发学生。

首先是学校各功能室的环境文化布置要体现地方特色。“我们塑造了环境，环境又塑造了我们”。学校要充分发挥环境熏陶的作用，根据每一个功能室的特点，把教学公共空间作为艺术展览空间，真正将学生的审美与身边的生活相结合，让学生享受一场视觉盛宴，从中受到潜移默化的审美教育。

其次是校本艺术课程内容体现地方特色。根据本土文化的传承，结合儿童的特点，开发剪纸、纸陶艺、版画、装饰画、书法等特色课程，教学的内容可分成基础课程和专业课程，以陶冶学生情操，增强学生人文情怀。

2. 其他课程的美育渗透。

为了更好地培养学生的审美素质，学校要结合学科课程教学积极拓宽美育的途径，发挥所有学科教师的积极性和主动性，鼓励他们在学科课堂教学中渗透美育，丰富学生的审美体验，尽可能使学校美育收到最佳的效果。

(1) 课堂教学美育渗透的主要方法。

①在教学中充分揭示学科美的特征，进行审美教育。

②在教学活动中激发学生感知美的能力，进行审美教育。

③在教学中贯彻美学原则，讲究教学艺术，进行审美教育。

(2) 课堂教学美育渗透的主要步骤。

①挖掘教材美点，明确美育目标。

②分析教材美点，提高审美意识。

③利用教材美点，培养审美能力。

④融合教材美点，形成美育体系。

（二）开设多样的审美育人活动

构建适合学生发展的校园人文环境的重要手段就是策划一系列的适应师生发展的活动，在课堂活动、校园活动和实践活动中营造美的氛围，让学生在鲜活的、有趣的学习活动中学习美、认识美、感受美，让学生有双善于发现美的眼睛，拥有美丽的心灵、美好的情怀和思想，提高认识美的能力，增强审美的本领。

实施“寻美”系列活动，让学生享受美。校园“寻美”体验活动以各种文化艺术活动为载体，通过书画、摄影、绘本等系列创作活动，推进高雅艺术，不断提升学生艺术修养和文化素质。

1. 在书画作品中欣赏美。

学校要重视“书画特色”建设，定期邀请书画家进校园，与师生进行互动，让学生在活动中享受“美的盛宴”。经常邀请书画名家莅临学校指导美术教育工作，与师生们一道进行书画交流和现场书画创作活动，让学生亲身感受书画名家的高超的艺术水平，提升学生的书画技巧，开拓书画视野，丰富“书画名校”的内涵。

2. 在摄影作品中捕捉美。

以独特的视角从多侧面、多角度、多视点，捕捉校园精彩的瞬间，展现学校师生精彩的生活片段，开展“捕捉精彩、魅力校园”校园摄影比赛。学生在追逐光影的过程中，用纯净的心灵给周围的世界作注解。摄影作品主题鲜明，主体突出，构图大胆奇特，把一个个精彩的瞬间定格成永恒，把永恒化作了美丽，让所有师生及家长领略一场美丽的摄影盛宴。

3. 在绘本创作中书写美。

师生们用自己的智慧装扮美丽校园，在学习生活中享受美丽校园，校园的一草一木、一花一石，每一处建筑，每一个景观都留给了学生永恒的记忆。学校可开展“我爱校园美”绘本创作比赛活动，让学生用稚嫩的文字记录校园的变化，用真挚的感情书写校园的真善美，用最美的笔触描绘校园的每一处景观。学生进行绘本创作的过程，既是对校园文化环境美的元素的挖掘，也是学生对美的理解，对美的表现，对美的追求。

4. 在教育活动中发现美。

为了有效促进师生关系、生生关系、家校关系的和谐发展，进一步提升学校的正能量，学校可开展以“感恩教育”为主题的校园“寻美”系列活动与社会“传美”实践活动。可以把活动分为寻美（发现美）、写美（表达美）、讲美（陈述美）、展美（传递美）四个主题，让学生发现和体会到校园和谐之美、老师育人之美、同学榜样之美、父母养育之美。

5. 在书香活动中感悟美。

学校要重视创设浓郁的阅读氛围，整合丰富的阅读资源，开展多彩的阅读活动，使学校成为传承优秀文化的阵地，师生共同成长的乐园，以书香校园建设，提升学生人文内涵。学生通过在学校所学的专业知识及人文知识，特别是伦理道德知识，他们具有了正确的行为价值取向，不断地激励着他们去追求真理和发展文化。

6. 在艺术展演中呈现美。

学校要以艺术展演活动为载体，通过文化节、艺术节、儿童节等一系列丰富多彩的体验活动，让学生在活动中展现美、提升美。以活动促发展，以活动强能力，学生就是在丰富多彩的校园艺术展演活动中展现美、追求美，以美熏陶行为，以美润泽生命。

（三）创设良好的审美育人环境

以美育为核心的校园文化环境建设，是一所学校思想文化内涵的最直接的表现，是一所学校的“精、气、神”，是一种无形的精神力量，潜移默化地熏陶着学校的每一位师生，使师生的情感得到陶冶，思想得到净化，品格得到完善，从而使身心得到和谐发展，精神境界得到升华，自身得到美化。因此，基于人文视角的校园文化环境的创设对提升学生人文内涵、陶冶学生人文情操具有很大的作用，对于学生的成长和教师的发展都产生至关重要的作用。

1. 以育人为目标构建校园文化环境。

校园文化环境建设必须与学校的办学思想高度融合，必须与学校的育人目标高度融合，才能充分体现校园文化环境建设与学校育人功能的和谐统一，才能充分突显学校办学思想的独特性，才能营造和谐、人文、多元、个性的校园文化环境，促进学生的健康成长，达成办学思想、育人目标、文化环境三位一体和谐统一的校园文化环境，让师生通过视觉、听觉、触觉等多种感官的作用感受和内化学校的办学思想、育人理念，全面促进师生在思想、行为、习惯、品德等方面的提升。而不是把校园文化环境建设与学校办学思想、育人目标割裂开，使校园文化环境成为一种远离学生的、纯粹形式化的摆设，使校园文化环境建设缺乏核心思想的引领，缺乏科学合理的规划与布局，缺乏学校文化独特的精、气、神。

2. 以美育为核心构建校园文化环境。

环境对教育的作用是毋庸置疑的。从教育功能来看，校园文化环境具有导向功能、凝聚功能、信号功能、社会助长功能以及美育功能。构建以美育为核心的校园文化环境，就是要凸显其美育功能，营造良好教学环境有利于丰富学生的审美想象，激发他们的美感，培养他们感受美、欣赏美和创造美的能力，陶冶学生的情操，激发学生热爱学校、热爱生活的情感，促使学生奋发向上。

在进行美育型的校园文化构建时，应遵循以下三个原则。第一，塑造校园环境的形象美。在校园环境文化的构建中，必须考虑环境的基本因素，如形状、声音、线条、色彩等，让环境呈现出真正的一种外在的形象美。第二，挖掘校园环境的内涵美。环境的内涵美总会给人以感悟和启迪，让人触景生情，产生联想，受到教育，这是环境教育功能的升华。第三，突出校园环境的和谐美。自然环境的和谐美主要表现为两个方面，一是自然环境本身的结构和谐，二是人与自然环境之间的和谐。

校园文化环境建设要与办学思想理念、育人目标及审美教育高度融合，达到和谐统一，充分体现学校思想的独特性，文化建设的个性。校园环境文化建构与人的心灵美、语言美、行为美有密切关系，在构建以美育为核心的校园文化环境中，大量地渗入人文因素，有效培养了师生理解美、追求美、创造美的能力。

第二节 审美导向的校园文化建设实践探索

校园文化的特点整体表现为“和谐”，美育功能是校园文化建设最为重要的功用，只有以“审美”为基本标尺，才能更好地实现校园文化的育人作用，达到“和谐”育人的最高境界。通过构建基于审美教育的高品质的校园文化环境，建设完整系统的校园文化视觉识别系统，从而提升学校的文化品位与品牌形象。通过开展丰富多彩的校园审美文化活动，推进高雅艺术，不断提升学生艺术修养和文化素质，构建绿色人际关系环境，为师生提供融和幸福的氛围。通过一系列的实践体验活动，让学生创造美、享受美，在美的教育中张扬个性，内化行为，升华品格。

一、构建审美导向的校园文化的价值审视

一是陶冶学生情操，让学生在优美的校园环境中受到感染和熏陶，触景生情，因美生爱，从而激发学生热爱学校，进而热爱家乡、热爱祖国的高尚品德和道德情操。

二是有效规范学生行为，以优美的校园环境让学生产生情感的反映和精神的共鸣，学生在欣赏美、享受美的同时，自觉有效地规范自己的行为，从而达到与自然的和谐统一。

三是培养学生的集体意识和协作精神，以来自外部环境的压力和自身发展的需要，要求学生处理好个人和集体的关系，以建成一种友好互助的群体氛围。

四是培养学生健康个性，促进学生心理健康。以多彩的校园文化满足学生精神需求，实现多样化、个性化，避免对学生人格塑造单一化的倾向。

五是培养学生正确的审美观，以学生良好的行为和教师的榜样，以及学校集体生活的道德氛围，促进人与人之间的相互关心，以诚相待。

校园文化要体现以美育人的功能，首先构建审美教育的校园文化能全面提高学生审美素养，促进学生的全面发展，这是由美育本身的特点所决定的。

从美育的效果来看，只有以美育人，以情动人，才能深入个体，愉悦个体，起到育人的作用。没有美育的教育是不完整的，只有将美育真正落实、体现在校园文化的审美建构上，才能将其无声的育人力量发挥出最大的作用。其次，美育功能渗透在校园文化建构的各个层面，不通过美而进行的教育是困难的，而校园文化各方面的育人功能，如休闲功能、思想品德教育功能、精神陶冶功能等也正是通过美育功能来实现、起作用。再次，校园文化的美育功能，尊重了学生的个体生命，顺应了时代的发展与要求。学生不是学习的机器，他们有追求美、享受美的需要和权利，他们有着自己多方位的人生兴趣与追求。校园文化的审美陶冶能使学生更好地在审美体验中意识到个体的存在，得到个体价值的实现与精神上的满足。

二、 构建审美导向的校园文化的意义建构

国务院《关于全面加强和改进美育工作的意见》（国办发〔2015〕71 号）中指出“美育是审美教育，也是情操教育和心灵教育，不仅能提升人的审美素养，还能潜移默化地影响人的情感、趣味、气质、胸襟，激励人的精神，温润人的心灵。美育与德育、智育、体育相辅相成、相互促进”。文件既明确了美育在实施素质教育中的地位和作用，又指出了美育实施的途径，强调美育是深化教育改革、全面推进素质教育的必然要求。

1. 构建高品质的校园文化环境，实现“让每一堵墙壁都会说话”的教育功能，有利于提高学生的审美能力。

2. 完整系统的校园文化视觉识别系统，有利于提升学校的文化品位与品牌形象。

3. 从班级文化环境实际出发，对班级文化进行定位，构建各具风格的班级文化环境，让学生得到美的熏陶，张扬个性，也提升班级凝聚力、战斗力，增强学生的归属感，让学生有家的感觉。

4. 开发多元化的课程，充分发挥利用一切教育资源，让学生在各类课程学习中发现美、感受美、向往美，让学生在美的教育中培养能力，塑造品格。

5. 在实践体验活动中渗透审美教育，能把学生的兴趣爱好引向高雅、文明、健康的轨道，让学生施展才华，宣泄情感，升华品格。

三、构建审美导向的校园文化的实践策略

创建校园审美文化，将和谐的审美形象物化到环境布置中，用和谐的理念引导校园审美文化活动的开展。在这一过程中，多层面多角度进行校园审美文化建设，进一步加大校园环境文化建设力度。通过学生的审美实践活动，营造美好校园，从而进行创造美和享受美的文化过程。

1. 通过构建静态校园文化环境，提高学生的审美能力。

学校环境作为学校文化内涵和文化底蕴的重要承载者，具有重要的育人功能。学校环境建设是一种文化建设，是一种美学建设，是一个完整的、立体的艺术品，它反映了学校的文化品位和审美水准。为了突出学校环境文化潜移默化的育人功能，在进行环境文化的具体建构过程中，学校结合办学理念，充分利用VI设计元素进行学校环境文化规划，实现校园环境序列化、个性化、精品化、人性化，构建班级文化环境，形成“一班一品”的格局，让学校环境文化处处透射出独特的感染力、凝聚力和震撼力，呈现出鲜明的风格特色。

（1）规划美育型校园文化环境。

①校园环境布局序列化。以审美为核心，通过VI视觉识别系统，进行学校环境文化规划。在环境文化规划和设计中，应充分利用VI设计元素进行学校环境文化规划，打造有特色、有标准、有系统的环境文化。

②校园环境建设个性化。学校提出创办美育特色品牌学校的目标，其核心思想，就是要通过实施“审美教育”，努力锤炼“以美育人”的学校精神，实现“以美厚德、以美启智、以美健体、以美促劳”的育人目标。校园文化设计既要保留原有文化底蕴，又要体现时尚的现代理念，使学生时时处处沉浸在浓郁的美育氛围中，使学校美育呈现由内而外、由外而内的丰富的教育内涵，充分突显学校独有的个性和气质。

③校园环境建设精品化。学校通过校园文化景点，营造文化氛围，丰富学校内涵，提升学校品位，使校园蕴涵着高雅的情趣美，隐现出淳厚的和谐美，让学生接受美的熏陶，让学生在优美的环境中快乐地学习与生活。

④校园环境建设人性化。学校规划校园环境，改善校园活动区域，通过园景小区、广场文化、道路文化、文化墙等提升学校的文化品位，达到良好

的视觉效果和环境效果，营造人性化的空间，体现“以人为本”的设计思想。

（2）构建美育型班级文化环境。

在班级文化环境的构建中，按照学校“以美育人、以情感人”的美育型校园环境构建的要求，认真设计，精心布局，形成了“一班一品”的格局，通过独特的班级环境布置展现班级文化风貌，并以班级精神文化表现学生的真善美。

①形成了统一的班级文化构建目标。学校按照“一班一品”的理念打造富有特色的班级文化，既有共性，更体现个性。每间教室外面统一设有班级宣传栏，及时宣传班级快讯，展现班级风貌。教室内鲜艳的国旗、醒目的学风，提醒学生心怀中国梦，努力学习，报效祖国。

②形成了不同的班级文化构建类型。为实现学校“一班一品”的班级文化格局，各班采取“百花开放”的原则，从班级文化环境实际出发，对班级文化进行定位，按照定位的要素进行设计和打造，从而构建出被学生所认可的，有战斗力、凝聚力和领导力的班级文化。

2. 通过构建动态校园文化环境，提高学生的审美能力。

学校经过实践和探索，构建“五大”快乐美育体系，即：构建快乐美育课堂、推进快乐美育活动、开设快乐美育超市、打造快乐展示乐园、组织快乐艺术大本营。积极为学生营造快乐美育的氛围，创造快乐美育的条件，从而形成快乐美育的管理特色。

四、构建审美导向的校园文化的主要成效

1. 以美育人，促进教师专业发展。

通过校园文化美育建设，让教师在美育道路上创出属于自己的一片天地，开发一批具有创新价值的校本教学资源，整理、编写、出版一大批宝贵的成果材料，满足学生发展需要，促进教师自身的发展。通过开发教材传播美，在教学实践中，学校开设了陶艺、剪纸、版画、书法、电脑绘画、动漫等多项学生个性化培养特色课程，配套开发《少儿素描》《书法》《少儿版画》等10册校本教材及读本，并在各年段有效使用，拓宽学生的视野，提升综合素养。教师在审美导向的校园文化引领下促进其自身专业成长，实现梦想，成就事业，提升幸福感。

2. 美育环境，促进学生综合发展。

通过美育环境的浸染，学生充满自信，积极向上，个性飞扬，放飞梦想，在各项竞赛及活动中成绩斐然。学生还通过在学校举办“书画艺术作品展”，吸引校内外师生观看，并邀请众多书画名家亲临现场泼墨挥毫，美育办学特色得到不断显现，赢得辖区内群众的广泛赞誉。

3. 美育教育，提升学校品牌形象。

学校以活动为平台，以美育为核心，通过主办或承办各级各类美育活动，为学生提供展现美的舞台，为教师提供学习提升的机会，辐射引领区域内教育发展。

(1) 发挥名校带动作用，传播美育。通过主办全国、省、市、区等大型的美育研讨交流及展示活动，邀请相关书画艺术家现场献艺助阵，营造浓厚的美育氛围；积极组织学生参加社区文化艺术活动，充分为学生展示美提供广阔平台，如通过走进社区、走进广场、走进文化公园、走进敬老院等大型文艺展演，为各级各类单位提供艺术观摩现场，通过进社区送春联等系列文化活动，提升艺术品位。

(2) 发挥基地示范作用，辐射引领。充分利用各种基地学校的平台，积极发挥辐射及示范作用，以美育教育为引领，通过开展主题实践活动及教育教学交流活动，传播美育的思想，传播美育的经验，与其他学校积极推进各种教育交流活动，让学校在各种美育研讨活动中积极传播科研成果，使美育成果得到推广。

(3) 发挥学校品牌效应，获得美誉。美育型的校园文化环境建设，充分发挥以美育人的功能，发挥着很好的辐射、引领和示范作用，擦亮了学校的品牌形象，充分展示着学校美育科研实力，有效提升了学校美育品牌的竞争力。

第三节　基于书法特色的校园文化建设美育案例

我国汉字书法艺术，历史悠久、博大精深、举世公认，它维系着中华民族之根，传承中华文化意识，激发民族自豪感。泉州市丰泽区第八中心小学以书法教育为抓手和切入点，学生整个小学阶段有步骤地掌握书法知识技能，发展写字的感知、欣赏、表现、创造等能力，接受书法艺术熏陶，提升文化艺术修养，从而打造书法特色品牌学校。

学校位于国立华侨大学泉州校区，50 多年的办校历史，积淀了深厚的文化底蕴，形成了具有自身特色的一些优良传统。特别是在推进校园文化建设中，能立足“书韵写意”，践行“特色教育”，以书法教育带动教书育人，推动书法教育进课程、进课堂，努力争创办学特色名校，形成富有书法特色的校园美育文化氛围。学校被授予“全国书法教育示范学校”“福建省书法教育实验学校”“湘版书法教材基地学校”和“丰泽区廉政文化书法创作基地”。

一、 立足书法特色， 定位校园美育文化

校园文化是学校物质财富和精神财富的总称。校园文化作为一种环境教育力量，对学生的健康成长有着巨大的影响。校园文化建设的终极目标就在于创建一种氛围，以期陶冶学生情操，构建学生健康人格，全面提高学生素质。在探索校园文化建设的过程中，学校以构建“书法”特色文化为着力点，从审美素养教育与校园文化建设相结合出发，通过认识审美素养教育的内涵及意义，来了解校园文化中的人文意蕴，提出加强基于审美素养教育的校园文化建设的措施，建设体现“书法”办学特色和审美教育的校园文化，让学生在富有文化底蕴的校园环境中快乐成长。

书法是中华传统文化的瑰宝。古人说：字如其人，立品为先。书法讲究一笔一画立字，在练字过程中领悟做人的道理，养成良好的习惯和品德。《中国教育改革和发展纲要》强调了素质教育和办学特色；《基础教育课程改革纲要》也强调义务教育阶段要加强写字教学，把“热爱祖国文字，养成良好的写字习惯，具备熟练的写字技能，并有初步的书法欣赏能力”确定为基础教育课程的目标之一。我们认为“以书法为点，可以兴品质之校”。所以，学校把书法教育作为办学特色，树立“以字立人、书写人生”的学校精神，并以此来确定学校的校训、师训和生训，把书法这个传统文化的精髓融入学校的校风、教风和学风建设，打造“挥毫泼墨聚神，横平竖直做人”的行为文化和“书韵藏风雅，翰墨生华彩”的环境文化，达到以字厚德、以字启智、以字健体、以字育美的育人目标。

二、依托课程实施，彰显校园美育功能

近年来，学校通过建立培训体系、课程体系和评价体系，积极推动书法教育进课程、进课堂，努力彰显美育功能。

（一）扎实校本培训

在培训体系方面，主要包括教师培训、学生培训和家长培训。

1. 教师培训。一是注重培养书法师资队伍，提高教师书法水平和书法教学能力。二是学校的“以书法教育提升校园文化建设研究”被立项为福建省教育科学“十三五”规划课题，通过开展书法教研，把书法教育纳入教研范畴，研究掌握小学书法教育教学规律和评价办法，指导教师开展有效的书法教学工作。三是每学期举办一次教师书法比赛，通过切磋学习，提高书法水平，陶冶艺术情操。四是开设“教师书法馆”，为教师提供展示书法艺术的平台，加强基本功训练，不断提高专业技能。

2. 学生培训。主要有四项措施，一是开设书法课，在学习书法中提高写字技能，增进学识修养。二是组建学生书法社团，坚持辅导训练，让社团成员带动班级其他学生写好字。三是开展“我知道的书法家故事”演讲比赛、“写好字、做好人”作文竞赛等活动，把书法融入到日常教学中，把语言训练和书法训练有机结合起来，培养书法兴趣，提高书写能力，营造书法学习氛围。四是建立书法展览室，集中展示学生的优秀书法作品，以及名家字帖、历代书法家的故事等，提高学生的书法兴趣和国学文化的认知。

3. 家长培训。家庭自古是书法教育的一个重要基地，学校把家庭作为一支重要的书法教育力量。一是通过广泛宣传让家长明白书法和孩子身心健康、行为习惯养成的关系，向家长宣传书法方面的知识、信息，让家长重视和支持。二是探索学校与家庭、社会相结合的书法教育模式，加大特长生培养力度，鼓励家长带好头，尽量和孩子一起学习练字，监督孩子的写字姿势、笔法等习惯，有些家长还专门为孩子设立一个书法作品陈列窗，建立“成长日记”档案，把家庭优秀作品收集整理起来。三是由学校牵头举办“家庭书法大赛”或“亲子书法日”，展示家庭书法教育成果，增进亲子的感情，促进家校合作。四是利用春节寒假时机，组织家长和孩子进社区写春联送给社区居民，在服务群众中培养孩子的自信心，体会书法的魅力价值，学会立字正德

的做人道理。

（二）构建课程体系

在课程体系建设方面，学校重点在校本课程开发、主题课堂设计、年度活动策划和学科教学渗透四方面下功夫。

1. 在校本课程开发上，以“书法教育”为主线构建书法课程，根据学生年龄特点、心理特征、认知规律、知识能力的差异性实现校本分册，教学分层，因材施教，进行灵活丰富的教学设计，创设生动有趣的课堂情境。通过组织书法骨干教师编写各年级校本课程，把学校的办学理念、校园文化环境、书法历史、著名书法家故事和经典诗文、书写技能等融为一体，形成校本课程教材体系。老师们还制作了书法教学课件，开展历代书法名家典故、书法作品鉴赏课，充分挖掘书法中的人文因素，把人文知识内化为精神。

2. 在主题课堂的设计上，以“书法教育”为主题进行课堂设计，开发各种综合实践课程，突出“以字立人”的特色。一是和行为习惯相结合，每天安排20分钟“练字时间”，作为写字课的延伸，强化学生的双姿，训练学生的静心与专注。由各任课教师担任“练字时间”辅导教师，并根据专职书法教师制订的写字训练计划与本班的实际，有计划、有步骤地实施。二是和经典诵读相结合，在书法学习的同时接受国学经典教育和传统文化的熏陶。每周由师生挑选优秀书籍，在每周三下午组织经典诵读，加深对书法和国学的理解。三是和综合课程相结合，开设书法社、国画社等兴趣小组，每周二、五下午让学生自行举行小型竞赛，激发写字热情，培养学生审美情趣，提升学生的艺术鉴赏力，扎实推进素质教育。

3. 在年度活动的策划上，我们利用各种节庆时机，创新活动形式和内容，把“书法教育”植入各类大型活动中。一是通过设立“书法节”，举行书法现场展示、师生优秀书法作品展览、家庭书法赛、师生及家长现场挥毫泼墨活动等，弘扬书法艺术的魅力，营造翰墨飘香的艺术氛围。二是举办“书法教育展”，利用校园墙壁、橱窗、画板等，介绍书法常识，既有历代名家、名帖，也有展览学生书法作品，让学生在书法艺术中遨游，在民族文化中沉醉，激发学生写好字的欲望。三是在每年一年级新生的入学仪式上，举行“开笔仪式”，接受传统洗礼，还原传统礼仪，推崇书法文化，让国学书法在启蒙阶段得以生根发芽。四是与当地的书法协会合作开展活动。此外，我们还结合实际开展感恩教育、生命教育等活动，开展“以字立人”特色主题活动，以活动促教学，以教学融文化，以文化育学子。

4. 在学科教学的渗透上，发挥校园文化内隐、深层、弥漫的无形力量的作用，把文化建设植入学科教学，渗透到课堂中，在语文、美术等人文学科中摄入相关的经典国学、艺术品鉴等，并和其他学科有机融合，让学生在多元化学习中提高审美情趣，使校园文化品牌建设更具生命力和影响力。

（三）注重多元评价

评价体系是师生成长的重要助推器，是促进学校特色文化内涵发展的主动力。在评价体系建设方面，学校主要是采用灵活、多元、互动的评价体系，实现“教师、学生、家长”三维立体评价，让评价更客观全面。

1. 学生评价体系。实行写字段位考核制，段位的晋升上不封顶，鼓励冒尖，我们按照语文新课标中各年级写字教学的内容和要求，顺应学生写字能力发展特点，把硬笔和毛笔书写标准进行分段。一、二年级着重培养学生硬笔书写能力，要能使用硬笔熟练地书写正楷字，做到规范、端正、整洁，以学写铅笔字为主。三年级开始，逐步要求行款整齐，力求美观，并学写规范通行的行楷字，提高书写速度，再过渡到硬笔毛笔兼学，以学写钢笔字为主。在三至六年级中选取有一定毛笔字基础的学生，组成书法特长班，进行专门培训，鼓励学生参加书法等级考试，每学期组织一次评段活动，先由班级初评，再由学校终评，评定之后由学校向获得段位的学生颁发校级荣誉证书。

2. 教师评价体系。对于教师，则将评价的主动权交给学生和家长，请学生和家长站在教师的角度换位思考，让他们在进一步沟通与理解的基础上，明确教师行为规范，学会正确评价教师的方法，使三者之间形成一种互敬、互助、互爱的和谐关系。

3. 家长评价体系。由学校采用调查问卷、定时沟通等形式对家长进行评价，并将家长表现结合学生评价，形成亲子评价体系，纳入到学生成长手册中，促进家长对学校的支持和配合。

三、渲染环境文化，提升校园美育内涵

在环境文化建设上，我们主要从师生行为文化、学校软体环境文化、硬体环境文化几方面着手建设，从而提升校园文化美育内涵。

1. 教师行为文化。教师应在“以字立人”理念的引导下构建书法教育教学方式。教师应提升个人书写能力，针对学生的实际情况，设计合理的教学内容，安排适当的教学活动，对学生给予书写指导以及成长的关怀，同时让自身在专业、敬业中得到成长。

2. 学生行为文化。通过学习和熏陶，培养学生勤奋学习，树立“以字立人、端正做人”的高尚品德，在书法学习中养成良好习惯，培育儒雅人格，时时处处受到“认认真真写字，堂堂正正做人”的熏陶和教育。

3. 软体环境文化。主要是利用大课间、国旗下演讲、广播台、文艺演出等形式，实现“书韵写意”在软体环境文化上的呈现。

4. 硬体环境文化。以“书韵写意”为主题，对校园环境的构建和布局进行科学规划和设计，充分利用操场、楼道、走廊、墙面等位置，让每个角落都能发出震撼人心的教育之声，营造“书韵藏风雅、翰墨生华彩”的浓郁氛围，让学生随时随地都能在视觉感官上得到熏陶、受到教育。

总之，学校以打造书法特色学校为目标，由点到面，分类推进，做到“成就一点，特色一校”，积极挖掘书法文化的美育功能，提升师生综合素质，打造“以字立人，书写人生”的学校精神。

附 1：

泉州市丰泽区第八中心小学书法（写字）等级考评标准

等级	硬笔标准与要求	幅面	时间	毛笔标准与要求	幅面	时间
一级	1. 用楷书书写规范字诗文一篇，字数 80—200 字左右。 2. 笔画形态基本正确，字的大小基本一致。 3. 没有错别字，不允许涂改。	16 开白纸	90 分钟	1. 书写楷书规范字 12 个字。 2. 笔画形态基本正确。 3. 没有错字。	元书纸	90 分钟
二级	1. 用楷书规范字书写诗文一篇，字数 80—200 字左右。 2. 笔画形态清晰完整。 3. 字的大小基本一致。 4. 没有错别字，不允许涂改。	16 开白纸	90 分钟	1. 临写楷书规范字 12 个字。 2. 笔画形态及字的结构基本正确。 3. 字形端正。 4. 没有错字。	元书纸	90 分钟

续表

等级	硬笔标准与要求	幅面	时间	毛笔标准与要求	幅面	时间
三级	1. 用楷书书写诗文一篇，字数100—300字左右。 2. 字的笔画结构基本准确。 3. 字的大小一致、匀称。 4. 没有错别字，不允许涂改。	16开白纸	90分钟	1. 书写一种楷书规范12个字。 2. 每个字的笔画、结构基本正确，初步掌握起、行、收的笔法。 3. 字的大小适当。 4. 字形端正。 5. 没有错字。	元书纸	90分钟
四级	1. 用楷书书写诗文一篇，字数100—300字左右。 2. 笔画和结构基本准确。 3. 字形端正，字的大小及字间空白匀称得当，字形一致。 4. 没有错别字，不允许涂改。	16开白纸	90分钟	1. 书写楷书规范字12个字。 2. 字的结构基本合理，符合要求，基本掌握起收、提按、转折等笔法。 3. 字形端正。 4. 字的大小适当。 5. 没有错字。	元书纸	90分钟
五级	1. 书写诗文一篇，字数100—300字左右，字体自选。 2. 笔画的起、行、顿、收清楚正确。 3. 落款符合书法作品要求。 4. 没有错字，不允许涂改。	16开白纸	90分钟	1. 临帖书写楷书作品一幅，20字左右。 2. 字的笔画和结构与所临字帖相仿。 3. 字形端正。 4. 没有错字。	1×2尺宣纸	120分钟
六级	1. 书写诗文一篇，字数100—300字左右，字体自选。 2. 笔画、结构正确，尤其对复杂结构的字形，笔画长、短、轻、重，从容有致。 3. 章法及落款钤印符合书法作品要求。 4. 没有错字，不允许涂改。	16开白纸	90分钟	1. 临帖书写楷书作品一幅，20字左右。 2. 字的笔画、结构与所临字帖相仿，提、按、转折、承启基本到位。 3. 字形端正。 4. 没有错字。	1×2尺宣纸	120分钟

续表

等级	硬笔标准与要求	幅面	时间	毛笔标准与要求	幅面	时间
七级	1. 书写诗文一篇，字数100—300字左右，书体自选。 2. 笔画、结构符合所写书体的相应基本要求，初步具备较好的把握字形、字势能力，技法比较扎实。 3. 章法及题款、钤印符合要求。 4. 没有错字，不允许涂改。	16开白纸	90分钟	1. 临写楷书作品一幅，20字左右。 2. 字体特征鲜明，结字合理。 3. 没有错字。	1×2尽宣纸	120分钟
八级	1. 用楷书书写诗文一篇，字数100—300字左右。 2. 行书书写诗文一篇，字数100—300字。 3. 笔画、结构、章法及题款、钤印符合书法作品要求，字体特征鲜明。 4. 书法风格秀劲。 5. 没有错字，不允许涂改。	16开白纸	120分钟	1. 创作书法作品一幅（书体自选），30字左右，横竖均可。 2. 笔画、结构、章法符合相应书体要求，具有鲜明字体特征，初步具有书法创作意识。 3. 题款、钤印正确。 4. 没有错字。	1×4尽宣纸	120分钟
九级	1. 用楷书书写诗文一篇，字数100—300字左右。 2. 行书书写诗文一篇，字数100—300字 3. 笔画、结构、章法符合相应书法作品要求，字体特征鲜明，笔法到位，运用自如，结字合乎法度，富于变化，章法自然和谐。 4. 题款、用印正确。 5. 书法风格秀劲。 6. 有错字，不允许涂改。	16开白纸	120分钟	1. 创作书法作品一幅（书体自选），30字左右。 2. 笔画、结构、章法符合相应书体要求。作品内容与形式比较统一，神情气韵比较生动。 3. 题款、钤印正确。 4. 书法风格秀劲。 5. 没有错字。	1×4尽宣纸	120分钟

续表

等级	硬笔标准与要求	幅面	时间	毛笔标准与要求	幅面	时间
十级	1. 楷书书写诗文一篇，字数100—300字左右。 2. 行书书写诗文一篇，字数100—300字 3. 笔画、结构、章法符合相应书体书法作品要求，具有较深书法功底，具有专擅一体的创作倾向，作品形神俱备，内容与形式完美统一。 4. 书法风格秀劲。 5. 没有错字，不允许涂改。	16开白纸	120分钟	1. 创作书法作品一幅（书体自选）。 2. 笔画、结构、章法及题款、钤印符合相应书体要求，表现出一专多能的书法功力，作品内容与形式完美统一，形神兼备，气韵生动。 3. 书法风格秀美、遒劲。 4. 没有错字。	1×4尽宣纸	120分钟

附2：

关于《泉州市丰泽区第八中心小学师生书法（写字）等级考评标准》的说明

一、《泉州市丰泽区第八中心小学师生书法（写字）等级考评标准》（以下简称《标准》），是与本校所进行的“以书法办学特色提升校园文化内涵研究”科研课题相配套的内容之一，目的在于改进书法（写字）教学的评价体系，促进全校师生及书法爱好者自主学习书法的积极性，并不断地寻级而上，实实在在的提高书法水平。

二、《标准》的制定，体现新课改精神，把握“新课标”教学方向与目标，有利于促进学生自主学习的学习主体意识，养成良好的意志品质及动手动脑能力。

三、《标准》适用于全体学生，老师们也可以参照本《标准》进行自学、自评，并欢迎申报参加书法（写字）等级考评。

四、《标准》遵循由浅入深、由易到难、由低级到高级的书法（写字）学习规律，制定了相应的考评条件与要求。大体上分为三段十级。1至4级为初级段，重点考核书写楷书规范字，包括对楷书笔画形态的掌握程度；5至7极为中级段，重点考核临帖书写能力，包括对楷书字形结构以及行书简单技法的掌握程度；9至10级为高级段，重点考核书法创作能力。

五、对《标准》所拟考核内容的解释。

1. “楷书书写诗文”，具体书写内容根据本校《诵读诗文300首》内容进行命题，并对是否可以临帖提出明确要求。

2. “笔画形态”，是指对所书写字体的点、横、竖、撇、捺、折、钩、提等笔画形状及运笔过程的把握程度。

3. “字的结构基本正确”，指的是所书写的字的结构80%左右是正确合理的。

4. “字的大小匀称”，指的是所书写的楷书字，有比较一致的字径幅度，没有忽大忽小笔下失去控制的现象。

5. “字的空白、行字距离”，指的是字与字之间的空白大体均匀，每一行字之间的距离大体匀称。

6. “字形端正”，指的是所书写的楷书字比较端庄，没有扭曲歪斜的姿态。

7. “书法风格秀劲”，指的是所书写的字笔画与结构比较恰当，形态生动，秀整而又有力度感。

8. “题款、钤印”，包括在书法作品所题写的上、下款，字体得当、长短得当，不错题，不喧宾夺主，所钤印章大小合适，人名印与闲文印使用得当。

9. “没有错别字”，指的是书写的作品，不允许有错字和别字。没有明确限制“别”字的可以使用别字及异体字。

第八章　人文课程资源的开发与利用

“所谓课程资源，它包括教科书以及其他有利于学生学习和教师教学的材料及辅助手段和设备”。教科书是主要的课程资源，但不是唯一的课程资源。“地方课程”具有地域性、本土性的特点，它是相对于“国家课程”而言的。要充分利用课程资源，就必须合理有效地使用教科书外其他的课程资源。地方文化中独特的自然人文景观、民间艺术、民风民俗等，都可以纳入地方人文课程资源的范畴。

第一节　人文美术课程资源开发与利用的意义

课程资源开发是指使课程的功能适应文化、社会、科学及人际关系的要求，持续不断改进课程的活动与过程。课程开发可分为国家、地方、学校三个层次。开发和利用人文美术课程资源，对促进美术课程与生活、课程与社会的联系，增强美术课程的选择性，以满足不同学校和教师的需要，满足学生审美多样化发展的需要，都有重大的实践意义。

一、人文美术课程资源开发与利用的文化意义

我国历史悠久，地域辽阔，民族众多，拥有丰富多彩、各具特色的地域文化，共同构成中华民族的优秀文化。地方课程资源与地域文化是分不开的，无论作为国家开发的共同课程，还是地方开发的教材，以及大量的学校课程，都涉及地方课程资源的开发。总的来看，基础教育课程对地域文化资源的开发与利用远远不足，一方面是课程资源意识薄弱，另一方面地域文化的课程资源开发机制还没有真正建立，结果造成课程资源的闲置和浪费。

没有本土性和民族性课程资源的开发，容易使我们弱化民族自尊意识，本土性和民族性的人文课程资源主要在民间，挖掘民间的文化资源，以进一步拓展学校课程，具有积极的意义。学校课程关心的应该是使下一代获得文化中最有价值的东西，丰富的自然文化资源，是构成课程的潜在材质，将地方丰富的课程资源与课程相结合，为地方的文化建设、文化传承作出自己的贡献，是每一个教育者的义务和责任。

二、 人文美术课程开发与利用的教学意义

把教科书作为唯一的课程资源，学习内容与学生的生活实际相脱离，教与学只发生在课堂，偏重对美术基础知识的学习，导致学生对美术课程缺乏兴趣，甚至有部分学生厌学、辍学。地方人文课程资源的开发利用，在满足不同地域学生的差异性上，有较大的优势，在这一点上恰好弥补国家美术课程的不足，使学习的内容更贴近学生的实际，使美术更生活化，使学生对美术学习更兴趣盎然。

开发利用地方人文课程资源，对美术课程的教学有以下几个方面的意义：

1. 对于改善美术课程资源结构具有重要意义。长期以来，我们实行的是高度统一的国家课程，随着时代的发展和社会的进步，单一的教材越来越受到挑战，地方人文课程资源的开发利用能有效弥补国家美术课程资源（教材）的单调。它利用生动丰富的地方资源，联系学生的实际，解决美术教学中遇到的具体问题。

2. 能有效转变学生的学习方式。对于学生学习方式的转变，主要体现在三个方面。首先，表现为可以超越狭隘的教育内容，让学生的生活和经验进入教学过程，让教学“活”起来；其次，可以改变学生在教学中的地位，从被动的知识接受者转变成为知识的建构者，从而调动学生的学习积极性和主动性；最后，有利于学生开展实践活动，从美术实践中培养良好品质，提高美术素养及美术实践能力。

3. 能有效提高美术教师专业化的程度。随着时代的发展，人们对教师专业化程度的要求越来越高。一方面，教师不仅是课程的实施者，而且要主动开发和利用课程资源；教师不仅要面对课堂、课本，还要面对课堂以外，面对学生的全部生活；教师要创造性地开发和利用一切有助于实现课程目标的

资源，把它当作实现新的课程目标的中介，充分发挥其在课程实施过程中的作用。另一方面，即使是由专家开发的地方课程资源，也要由教师吸收、转化、内化，对课程资源进行“二度开发”，才可能发挥课程资源的教育教学价值。因此，在地方人文课程资源的开发利用过程中，不能忽视教师队伍的建设，教师队伍的优化会带动其他课程资源的优化发展。

4. 能锻炼学生的美术实践能力，扩大知识面。学生在美术实践中，增加对家乡的了解、热爱，为将来融入地方生活、工作奠定良好的基础，也为学生将来走出家乡、走出国门，增强民族自信心与自豪感；还能突出学校特色，协调学校与当地社区的关系，有效促进地方文化的发展。在国家美术课程中，无论是中外经典美术作品还是优秀民间艺术，都和学生有很大距离，而身边熟悉的地方人文课程资源让时间和空间的距离消失，让学习的内容由陌生变为生命的体验而跃动。

三、人文美术课程资源开发与利用的整合意义

“整合”是当今社会的热门话题之一。在教育领域，“课程整合”作为一种新的课程理念，更是受到不少人的崇信和追捧。美术课程的整合化是近年来美术课程改革的趋势之一，美术教学要注重对地方人文资源的开发与利用，体现学科内的课程资源整合。

（一）促进课程标准的实施和美术课程的拓展

要将美术学习提升到文化学习的高度，就必须改变以往美术教学中过分强调课程内容的统一性、过分重视技能技巧训练的状况，将文化、审美素质教育放到和专业知识、技能教育同样重要的位置。

由于我国学校教育的总体条件尚不太理想，有些地区的教学条件还很差，要普及美术教育，提高美术教育的效率，光靠学校现有的资源是很难达到我们理想的教育目标的，不得不寻求新的出路，课程资源整合是摆脱困境的途径之一。由于美术教育，特别是普通学校的美术教育，其效果的产生往往是长期的、潜移默化的，除了升入高等专业美术学校深造的少数学生外，绝大多数学生学习美术的成效很难立即显现出来，加之长期以来我国的学校美术教育和其他各个学科一样，走的是“教材中心主义”的道路，绝大多数教学活动都是围绕教材展开的，评价教师教学态度和教学水平的主要标准就是实

施教材的情况，对学生学习情况评价的主要标准也是对教材内容的掌握程度，这种做法造成了美术教育课程通道过于狭窄，除了知识和技能的传授之外，很难在更高的层面上对学生进行人文素质的培养，因此严重抑制了美术教育功能的发挥。从国外美术教育发展的成功经验和对我国以往美术教育状况的分析来看，要改变美术教育过分重视技能教学的现状，并将其提升到文化学习的高度，仅仅靠本学科的课程资源和学校内的课程资源是很难做到的，只有打破学科本位和教材中心的观念，拓展美术课程内容空间，充分运用各种相关的教育资源，将各种资源整合到美术课程中来，才能真正将美术教育发展成“人文教育”。

（二）促进美术教学方法的革新和教学效率的提高

以往我们的学校美术教育受大气候的影响，过分注重学科知识和技能的教育，与之相应地采取了灌输式的教学方法，这种单一、僵化的教法导致的后果已经是人所共知的了。改革课程的内容和实施方法是新一轮美术教育课程改革的主要内容，课改成功与否主要取决于教师教学理念、教学方法是否有根本性的转变。整合各种美术课程资源，可以极大地丰富教学内容，同时也对教学方法提出新的要求。只有教师采用灵活多样的教学形式、手段和方法，新的教学内容才能得到很好的实施，只有教师不断探索新的教学方法，才能适应不断更新的教学内容的需要，美术教育才能取得理想的效果。因此美术课程资源的整合将不断地对教学方法提出新的要求，从而促进美术教学方法的不断革新。

随着教学内容和教学方法的革新，美术教育的空间和实施渠道拓展了，教学内容变得更加充实、丰富，教学形式更加灵活多样了，学生的学习兴趣也必然随之增长。兴趣的增加，教学实施就变得比较顺利，也必然能取得较好的教学效果，学生的美术素养就能得到很好的培养，美术教育的目标也就会很好地实现。学校美术教育效率的提高，还不仅仅表现在学校内美术课程的实施方面，由于将各种可用的资源整合到课程中，使得其他有关的方面和个人对美术教育形成更多的关注，学校以外其他因素在参与美术教育的同时，也可以从美术教育的过程和结果中获得不少有益的反馈信息，对调整自身发展策略、提高发展质量也将产生一定影响，在从美术教育中获得一定的回馈后，又会对美术教育的发展提供更多的便利和帮助，从而使美术教育的发展获得更好的外部环境和课程资源。

在美术课程资源的整合过程中，由于充分吸收了地方美术资源和社区美术资源，使得美术教学更贴近学生的生活实际，从而能更好地适应不同地区学生素质的差异，使各地的美术教育都能得到较好的发展，最终提高全国的学校的美术教育的效率和质量。

（三）促进学生视野的拓宽和综合能力的提高

由于将众多的课程资源整合到美术教学中，使学生在学习美术知识和技能的同时，获得大量的与历史知识、社会生活接触的机会和相关学科的信息，在丰富多彩的学习活动中，学生的视野更加开阔，形象思维、逻辑思维都能得到很好的发展，应对各种学习生活问题的能力也会得到很好的培养。其他学科的知识、素材被整合到美术课程中后，学生借助直观的视觉图像，能更好地理解和接受这些学科的知识，从而促使他们掌握更多、更有效的学习方法，而这些方法的掌握，将进一步促进学生以更宽广的视野看待和处理各种学习和生活问题。校内美术课程资源与校外美术课程资源的整合，为学生提供了大量的接触社会生活和历史文化的机会，打破了学生习惯地将美术看作仅仅是技能训练的思维定势。在校外美术教育活动中，学生的参与意识、组织协调能力、社会行为规范、社会责任感和历史使命感等都能得到很好的培养，学习、生活和人际交往的能力得到有效的提高，为顺利完成自己的学业、养成终身学习的习惯，为在以后的人生道路上处理各种工作、生活问题打下坚实的基础。

（四）促进优秀文化的传承和美术学科的发展

美术教育与其他人文学科一样，在传授知识、培养技能的同时还承担着文化传承的使命。由于很多文化是以视觉图像为载体的，图像在传播信息方面比语言和文字更加直观，受文化风格、知识水平的制约更少，所以美术在文化传承方面具有其他学科无法比拟的优势。以往的美术教育以教材为中心，将教学内容以强制的手段统一起来，而教材的容量毕竟十分有限，不能将更多、更鲜活的信息、素材吸纳进来，在教学中过分注重知识传授和技能训练，教学评价的标准也是对教材所规定的知识和技能的掌握程度，忽视文化传承的功能，这种做法在自身发展受到制约的同时，也制约了文化的传承。

随着社会发展越来越趋向于现代化、国际化，人们对多元文化的宽容和尊重越来越成为时代的共识。面对越来越丰富的文化信息，要做到让学生既能够广泛吸收，又能辨别真伪优劣，在这一点上学校教育负有不可推卸的历史责任。但是由于我国学校的教育资源还未达到理想的状况，教育资源的分配也不够合理，学校教育的主要任务还是为高一级学校输送生源，因此，仅仅靠学校的教学要完成这一使命是不现实的，学校美术教育当然也难以独立承担这一任务，只有在更广阔的空间里发挥视觉图像承载文化信息的优势，将学校、家庭、社区、社会等各方面的美术资源整合起来，形成一股合力，让学生摄取更多的文化信息，参与文化的传播和创造，才能更好地完成文化传承的使命。

第二节 人文美术课程资源的种类

课程资源是指在学科教学中可供利用的各种显性的和隐性的因素、素材、条件等。充分利用各种课程资源，对于发展学生智能、拓宽学生视野、激发学生学习兴趣、培养学生综合素质，从而达到教学效果的最优化，有着特别重要的意义。相对于其他学科而言，美术教学中可供利用的课程资源更为丰富，因此美术教育工作者应积极研究、开发和利用各种美术课程资源，以提高教学的水平和质量。

由于课程资源种类繁多、内容复杂、形态丰富、性质各异，所以为了便于掌握和利用，我们可以按照一定的标准、原则和特征，从不同的维度加以区分。在广义的课程资源层面上，按照来源，可以分为校内课程资源和校外课程资源；按照性质，可以分为自然课程资源和社会课程资源；按照功能特征，可以分为条件性课程资源和素材性课程资源；按照形态，可以分为文本资源、图片资源、音像资源、实物资源、活动资源和信息化资源；按照存在方式，可以分为显性课程资源和隐性课程资源。美术学科的课程资源有其自身的个性，也具有一般课程资源的共性，其分类结果与一般课程资源的情况基本一致。

一、校内美术课程资源

校内美术课程资源指学校范围内可以用于美术学科教学的各种人员、物质、人文、活动、信息方面的因素、素材和条件等，是美术学科教学最重要的资源，也是美术课程资源开发、利用的基础。

人力资源：包括专职、兼职美术教师，分管美术教育的管理人员和其他相关教学辅助人员。历来研究者都不注重人力资源在课程资源中的地位和作用，其实人力资源是课程资源中最活跃、最能动，也是最重要的一个因素。其中专（兼）职美术教师的专业知识、专业技能、教育理念、教学技能技巧、教学研究能力等则是美术课程资源的核心部分。

新课程标准认为过去的美术课程“在一定程度上脱离学生的生活经验，难以激发学生的学习兴趣”，从而“影响了美术教育功能的充分发挥，制约着我国义务教育阶段的美术教育事业的发展”。一般看来，这是指出我们过去的美术课程内容太过僵化、陈旧，不能够随时代、随具体情况的变化而进行适时调整的问题，其实换一个角度看，问题的核心还是没有充分发挥教师的能动作用，更可以说，作为美术教育的直接实施者，教师自身没有充分发挥主观能动作用，不能在具体的教学实践中把握时代发展的脉搏、结合学生的实际情况及时吸收新的信息，拓展教学思路，调整教学内容，革新教学方法，从而使得美术教学“脱离学生的生活经验”，不能很好地激发学生的学习兴趣，导致美术教育难以取得理想的效果。因此，为真正实现美术教育应有的价值，实施美术课程改革，首先必须充分重视教师这一美术课程的核心资源，在对众多美术课程资源进行整合时，要充分发挥美术教师的主体和“凝结核”作用。

作为学校美术教育系统的指挥者和参与者，分管美术教育的学校领导和其他教学辅助人员也是美术课程资源的一部分，因为他们的理念、态度和工作方法直接或间接地影响着美术课程的组织与实施，他们的工作对建立一个完善、高效的美术教学系统也是至关重要的。

物质资源：包括学校内的各种可供美术教学、活动的场所、设施、设备和资料。如美术专用教室、图书馆、橱窗、手工劳技实验室、暗房等场所和设施，这些是美术课程实施的基础；又如幻灯机、投影仪、影视放映设备、照相机器材、计算机、多媒体设备等设备，教材、图书、挂图、幻灯片、投影片、影像资料、电脑操作软件和图片光盘等。

人文资源：学校内美术课程的人文资源包括美术教师群体、班级组织、队（团）组织、学生团体，以及师生关系、校园环境风格、校风校纪等非物质性资源，这些美术教育实施的软环境的质量及对现有人文资源的利用水平等对美术教育质量的影响非常关键。不少学校美术教育发展质量不佳的主要原因就是人文资源的质量不高，相反，人文资源质量和利用水平较高的学校在美术教育方面都能取得较好的效果。

活动资源：学校举行的各种与美术有关的活动如美术兴趣小组、美术知识讲座、美术知识竞赛、美术作品比赛和展览等，或者需要借助美术手段的活动如校园环境布置、文艺演出的化妆与宣传、各种其他活动的场所布置与宣传等，都是美术课程的活动资源，它们既是课堂教学的延伸与拓展，也是检验、评价美术教学效果的重要手段。

相关学科资源：指在学校教育课程体系中其他学科与美术有关的课程资源。这些课程中有不少知识、技能可以用于美术课程，如语文、数学、道德与法治、科学、音乐、体育等学科中很多原理、法则、知识等是美术课程中的知识点，或者可以用以拓展美术教学的内容，解释美术概念、现象等；有的学科则可以借助美术的手段来更好地实施教学，如数学、语文、英语、道德与法治、科学、体育、信息技术等课程，都可以通过美术的形式，让学生直观地理解和接受知识，同时发展学生的形象思维。现在有不少学校、教师进行学科间的课程整合，即发展所谓“综合课程”。

二、 校外美术课程资源

校外美术课程资源是指家庭、社区乃至整个社会中可以被用于美术教育的各种信息、设施、条件及丰富的自然资源。这些资源是美术教育得以广泛、高效地实施的重要条件。

家庭美术课程资源：包括学生家庭的图书、装饰物、美术藏品、电脑、美术学习用品及家长的美术知识、对美术教育的态度等。家庭是学生生活、学习、活动的最主要场所之一，家庭中的美术学习的氛围和各种有关美术的信息、条件等对学生美术学习的兴趣、态度及知识、技能的掌握有着很大的影响，是美术课程发展中不可忽视的重要资源。

社区美术课程资源：指学校所处的社区内可供利用的美术课程资源，包括图书馆、博物馆、美术馆、文化馆（宫）、艺术中心、少年宫、公园等公共场所，城市的街道、桥梁、建筑、雕塑、公共设施、广告、橱窗等设施形成的社区环境，以及社区内举办的各种含有美术因素的活动。这些资源为美术教育的实施提供了大量可资利用的空间、素材、信息和条件，形成了社区的视觉文化系统，并且共同构成了学校美术教育的社会环境，应该得到美术教育工作者的重视。

社会美术课程资源：是指社区外更广泛的社会环境中可以用于美术教育活动的各种资源，如影视作品、影视广告、商品的包装设计、出版物的装帧设计与插图、网络、本社区以外的各种高等级美术展览等。这些资源具有总体质量高、传播速度快、辐射范围广、影响大的特点，并且带有一定的审美共性，代表着特定时期视觉文化的总体价值取向和发展方向，因而也是美术课程必须重视的内容。

地方美术课程资源：也称为民间美术资源，指具有地方文化特色的美术资源。我国幅员辽阔，民族众多，文化风格非常丰富而复杂，在每一个民族、每一个地区都有经过长期发展、传承和积淀的特色文化，美术作为这些地方性文化的主要承载方式，是地方文化的最重要内容和形式之一。在以往的教材中也编入了一些地方性美术内容，但是由于这些内容是作为通用教材中的必修内容出现的，教材的容量也很有限，所以编入教材的只是极少数非常著名的地方（民间）美术内容，在具体的教学实施中往往因为不同地区间教师及学生经验的差异、获得实物资料难度的不同和实际操作可能性的大小，这部分内容的教学效果有很大的地区差异。随着新课程标准的实施，为教材的编写和教师处理教学内容提供了更大的自由度，这就使得更多的地方美术课程资源进入美术教学系统成为可能，各地方版本的教材可以有针对性地采纳本地区最有特色和影响的美术资源，教师更可以结合身边的乡土美术文化组织自己的教学内容。这在一方面可以丰富美术课程的内容，结合学生的生活经验进行教学，很好地激发学生的学习兴趣，提高美术教育的质量；另一方面对地方美术文化的保护、传承、发展也有着特别的意义。

自然美术课程资源：指自然界中可用于美术教学的自然风景、物产资源等各种因素。我国有着 960 万平方千米的领土和辽阔的海疆，东西横跨经度 60 多度，南北跨纬度 50 多度，地理条件复杂，自然风光丰富多彩，物产资源多样。各地独具特色的自然景观既可以对学生审美能力的培养起到潜移默化的作用，也可以为美术的写生、采风等活动提供良好的条件，是美术教学最好的素材之一；而各地区的自然物产则为开展具有地方特色的美术教学活动提供物质条件，从而创造、制作出独具特色的美术文化与美术作品。因此，自然界中有着大量可以开发和利用的美术课程资源，美术教育工作者研究、开发、利用这些资源，对拓展美术课程的空间，丰富美术课程的内容，提高美术教学的质量，具有不可忽视的意义。

【教学案例】

《京剧脸谱》教学设计

一、指导思想

面对技术性与人文性相结合的美术课，我们应根据具体的学习情境，找准同一主题下相关的文化与技术的交合点，要让学生的表现与情感产生共鸣，我们可以利用丰富的教学资源创设情境，缩减传统文化与学生生活之间的距离；另外，通过对作品的解读，运用美术的技术语言提升美感；还可以通过交互性强的小训练了解学情，适时渗透新知。

二、教材分析

《京剧脸谱》要求运用中国传统水墨画绘制一幅生动有趣的京剧脸谱，以中国传统的京剧表演为题材，通过欣赏和运用水墨表现京剧人物的教学活动，使学生对中国优秀传统京剧有所了解，感受优秀传统艺术的魅力，对优秀传统艺术文化有进一步的认识，培养他们热爱中国优秀传统文化的情感。在教学活动中应通过欣赏、分析来引导学生认识、表现脸谱形象和人物动态，拓展他们的学习空间，丰富他们的观察、记忆和想象力。教学通过画京剧人物这个活动，使学生认识、了解和掌握京剧人物的基本表现方法及步骤，画出自己了解、熟悉的京剧人物。在教学中选用了水墨画这一形式，一方面可以将京剧和水墨画有机结合，凸显中国的传统文化魅力，提高学生的人文素养；另一方面，运用水墨表现京剧人物更能体现简约、畅快淋漓的形式美感，易于被学生接受和表现。

三、教学目标

1. 初步了解京剧的知识，学习传统京剧造型的特点、谱式、色彩等方面的基础知识。

2. 学习水墨画脸谱和戏剧人物的基本方法和步骤。

3. 感受京剧表现的魅力，培养学生热爱中国优秀传统艺术的情感和民族自豪感。

四、学情分析

1. 本课教学对象是六年级学生，六年级学生已有较强的感知力、理解力，模仿能力与创造能力都有很大提高，对新鲜事物很感兴趣。

2. 在平时的学习生活中，学生接触京剧知识的机会很少，尤其对脸谱艺术知识没有进行过深入学习和研究。

五、教学重难点

1. 教学重点：运用中国画的笔墨方法表现闽南戏曲人物。

（通过对优秀国画作品的解析，让学生回顾已有的笔墨技法；通过教学示范，让学生直观感受国画京剧脸谱的步骤和方法）

2. 教学难点：京剧脸谱的造型和绘画表现方法。

（通过对不完整作品的添画这个小训练，让学生能根据京剧人物的特点，掌握京剧脸谱的造型方法和水墨画的特点）

六、教学思路

本课教学题材是以京剧人物为表现对象，涉及的范围较广。戏剧角色很多，形象素材丰富，都可以作为学生表现描绘的对象。教师可以多介绍几种戏剧角色和素材，重点介绍京剧脸谱艺术。不同身份的人物有着不同的服饰，不同性格的人物有不同的脸谱。通过这些手法塑造了精美的人物形象，使戏剧人物性格特征鲜明，生动且传神。这些因素充分调动了学生学习的积极性，激发表现热情，让他们的表现力得以更好地提高。同时介绍脸谱的相关知识，鼓励学生根据个人的想法和构思，大胆地夸张变形和涂抹色彩，画出能体现有个性特征的京剧脸谱形象。

教学环节设计为：创设情境、激发兴趣——作品分析、巩固旧知——巧设训练、解决问题——教师示范、明确步骤——自主创作、自由表现——作品欣赏、交流评析。

七、教学过程

（一）动画导入，激发学生学习兴趣

1. 师：我们可爱的祖国有许多博大精深、历史悠久的传统文化。通过介

绍拓展学生的思维，加深学生对祖国传统文化的了解。（播放歌曲《说唱脸谱》，加强学生对戏曲知识的感知，激发学生学习热情）

2. 师：哪些同学看过京剧？大家互相讨论一下京剧里面的人物有什么特点。（出示剧照）谈谈自己的见解。

（二）欣赏作品，复习用笔用墨知识

1. 师：画之前我们先来欣赏画家的几幅戏曲人物作品。

2. 分析作品用笔用墨的方法。

（三）学习新知，领会脸谱表现手法

1. 欣赏短片。注意仔细观察短片中戏剧脸谱特点，从短片中你能学到一些什么？

2. 学生总结。

师：好，看完了短片，大家一定又有新的收获。谁来总结京剧脸谱的特点？

学生回答，教师小结。

（板书：京剧脸谱）

化妆的特点：强调人物特征，夸张，程式化。

3. 观看戏剧，模仿表演。

师：自由模仿唱腔、动作，体会戏剧中人物的亮相、身段、眼神。

4. 学习画法。

教师演示并讲解绘画步骤。

（1）构思：确定画什么角色的戏剧人物。

（2）画形：抓住京剧脸谱的特征、神态、比例，线条流畅。

（3）笔墨运用：根据京剧人物的性格特征，选用笔墨表现手法，力求色彩鲜明生动。

（4）整体调整：可加入主观想象，适当修改添画完成。

（板书：1. 构思 2. 画形 3. 笔墨表现 4. 调整）

5. 作品赏析。

你觉得这几幅戏剧人物绘画作品怎么样？

学生讨论，教师小结。

播放短片。

出示剧照。

播放戏剧。

边讲边出示步骤板书及分步出示演示步骤图。

（四）学生作业，运用笔墨自由创作

作业要求：

1. 根据记忆画自己熟悉的京剧脸谱。抓住人物亮相、身段、眼神和服装道具的特点，表现出京剧的韵味。

2. 分组开展比赛，评选“最佳作品组”。

学生作业，教师巡视指导。

出示作业要求。

出示戏剧人物图片。

播放戏剧音乐。

（五）作业展评，分析脸谱表现特点

（学生作业分组展）

1. 说说自己的作品。

2. 评评别人的作品。

（六）总结拓展，升华传统文化情感

1. 教师小结。宣布“最佳作品组”。

2. 介绍各地传统戏剧的种类。

3. 播放戏剧音乐。

《京剧脸谱》教学反思

对于六年级的学生来讲，由于个体差异性较大，学习的内容又是平时同学们接触较少的京剧方面的知识，因此教师要注重每位学生的接受能力，尽量将各个知识点讲解得浅显易懂些，在此基础上才能提高学生的学习兴趣。同时，也要让学生积极地参与到教学活动中，变无意注意为有意注意，让学生提高学习的兴趣。

一、教法运用分析

遵循“教为主导，学为主体”的教育思想，主要采用下列几种方法进行教学。

1. 音乐引入法。学生对于传统的开门见山式的教学方法已经产生了疲倦感。上课时先放上一段歌曲《说唱脸谱》并配以歌词，以激发学生对本节课的学习兴趣，刺激学生大脑皮层的神经，使之达到预备兴奋的状态。

2. 多媒体演示法。小学生毕竟还处在以充分满足视觉感官为主的阶段，因此根据学生这一生理特点，利用直观形象的图片、课件来持续抓住学生的注意力。这时教师展示出形态各异的脸谱图片，来满足学生的欣赏欲望，并辅助学生对于京剧脸谱的直观认识和了解。

3. 观察理解法。高年级学生的观察想象能力比中年级学生丰富，他们的感受能力很强，有耐心。在观察事物时能自己思考分析，在认识客观世界时具有积极性、主动性。教师通过讲解使学生对教学内容的认识由感性认识发展到理性认识，由模糊到清楚，帮助学生由抽象的主观认识发展到具象的理解认识。

4. 分析比较法。学生有很强的观察理解能力，他们能够分析比较出不同物象之间的相同点和不同点。教师要结合教学内容，引导学生通过细致的观察、比较来认识教学内容，理解教师教学意图。

5. 指导制作法。教师要在学生充分理解教学内容的基础上指导学生绘制闽南戏剧脸谱，但不能越俎代庖替学生选择图样、色彩。让学生分组讨论后选择自己喜爱的图式来绘制。

二、学法运用分析

本课要让学生了解的是中国传统的京剧脸谱，这本就是一门博大精深的艺术学科，要让学生在短短的一节课时间里对戏剧中的角色、脸谱的分类、不同颜色所代表的不同含义等知识都有所了解，光依靠教师讲是根本不够的，而且也会让学生处于被动的学习状态中，因此我以下面两种方法为主进行学法指导。

1. 资料收集法。在课前让学生收集有关京剧脸谱的资料，特别是关于戏剧人物的故事及故事人物性格的资料，如能收集到脸谱图案最好。

2. 自主探究法。苏霍姆林斯基说过：“在人的心灵深处都有一种根深蒂固的需要，这就是希望自己是一个发现者、研究者、探索者。而在儿童的精神世界中，这种需要特别强烈。”因此，在教学中，运用探究式学习方法培养学生自主学习能力，训练学生发现问题、解决问题的能力。在学习本课的难点——脸谱的纹样设计这一知识点时，通过让学生思考“用什么样的脸谱纹样来突出我的作品的特点”这个问题，引导学生自主探究并充分彰显自己的个性。

3. 合作交流法：在制作脸谱的学习活动中，让学生通过相互交流，大胆表达自己的奇思妙想，目的是给学生提供不同的学习对象，听取不同的看法，分享彼此获得的不同的知识、经验，拓宽学生的设计制作思路，达到教学目标。在教学中不断鼓励学生，要求人人都有与众不同的设计。

三、教学过程分析

（一）创设情境，激发兴趣

怎样让学生对本课产生学习兴趣，并对美术产生一种持久的兴趣，从而达到新课改所要求的学生主动学习的目的呢？预备铃响后，我就播放一段京剧唱腔的音乐《说唱脸谱》，使学生先感受到浓郁的传统艺术氛围，并开始揣测本课的上课内容。上课后，我通过播放一组脸谱的图片刺激学生的视觉，使学生对京剧脸谱这一传统文化产生浓厚的兴趣，从而激发学生强烈的学习欲望。

（二）传承文化，开阔视野

《美术课程标准》中指出，美术学科是人文性、艺术性的集中表现，是人类文化的一个重要组成部分，它不仅仅是一种单纯的技能技巧的训练，更应视为一种多元化的文化学习。整堂美术课就是在这种浓厚的传统文化——京剧艺术氛围中展开教学的。从音乐引入教学，以京剧乐曲贯穿课堂，到最后做一个超级链接，让学生自己上网浏览相关网站，了解更多的有关脸谱的知识，培养学生对祖国优秀传统美术的热爱。

（三）自主学习，挥洒个性

现代社会需要充分发挥每个人的主体性和创造性，因此，美术课程应特别重视对学生个性与创新精神的培养，采取多种方法，使学生思维的流畅性、灵活性和独特性得到发展，最大限度地开发学生的创造潜能。在课中我并没有按照传统教学模式传授方法，而是先让学生在课前搜集一些关于京剧脸谱方面的基本常识，然后在教学中让学生通过观察、领悟、小组讨论的方式，大胆推测脸谱的制作过程，发展学生自主解决问题的能力。再通过亲身实践，让学生对制作方法提出质疑，例如：“我该怎么画脸谱？”“如何分割脸部呢？”“分割好以后如何上色？”他们所提出的这些问题恰恰就是本课需要解决的重点和难点，也是本课的关键部分。这些问题让学生在观察、比较、讨论后进行尝试操作，教师再适时地加以引导，归纳并总结出哪种是比较合理的制作方式，但并不否定其他可行的制作方法。同时也引导学生可以根据自身的审美观制作他们认为有特点的脸谱形象，从而充分发挥学生的学习主动性，提高学生创新能力。

（四）多维评价，促进发展

既然是一个发挥主体性和创造性的课堂，那么多维性、多级性评价就成了促进学生发展的一个手段。因此，评价标准应适应不同学生的学习状况，从而体现鼓励学生根据自己的特点来提高学习美术的兴趣和能力的作用。如学生自评“我画得还不错咧”“我画得比以前的作品好了”，教师用“不错，很漂亮”“有特点，继续坚持”“不如贴到展示板上给大家看看吧”等评价语。本课的评价贯穿课堂始终，从学生学，到作业成品的完成都以一种鼓励的、积极的态度、发展的眼光去评价不同学生。由此让学生获得成功后的愉悦，进而对美术产生持久的、长远的兴趣。

（五）多元整合，全面发展

美术是人类文化的一个重要组成部分，与社会生活的方方面面有着千丝万缕的联系，本课将美术与音乐、美术与表演艺术、美术与传统文化、美术与信息科技进行整合，充分体现了美术的多样性以及美术对社会生活的独特贡献。从而陶冶了学生的情操，提高了审美的能力，促进了学生的全面发展。

（六）课堂小结，拓展延伸

科学精练的结束语能起到“课虽尽，但趣无穷”的效果，因此，首先要整体表扬学生的创新精神；其次要求学生在课后将制作完成的作品进行互相欣赏，从而达到取长补短的作用。在此基础上，可以在活动课中通过短剧表演来展示创作成果，从而将课堂评价延伸至课外，这样既使评价更加的生动，又不乏激励学生大胆创造的热情。

总之，这是一节根据当地美术教育课程资源，结合优秀传统文化开发、实验的美术课程。在整体设计上应用多媒体手段来欣赏京剧片段和戏剧脸谱造型，在介绍京剧艺术时突出脸谱艺术的特点。学生对教师介绍的各式各样的脸谱产生了很浓厚的兴趣和好奇，对优秀京剧艺术的表演也有了初步了解，所以学生在进行创作时都是情绪饱满的，整节课基本上完成了教学目标。这节课引用京剧艺术，使学生在美术教学中感受优秀的传统文化，进而达到弘扬优秀传统艺术、增强学生的民族自豪感的目的。同时，本课教学也注重突破传统的教育观念，在课堂教学中应再多给学生更加生动、主动的学习空间，更多地让学生自己去发现、去探索。

第三节　人文美术课程资源开发与利用的原则

美术课程资源整合是时代发展的要求，是学科发展的趋势，也是行之有效的课程发展策略。但整合不是简单的组合，更不是随意的凑合，应该遵循教育和学科发展的规律，否则就会陷入生搬硬套、盲目拼凑的误区，这样非但不能达到理想的教育教学目的，相反会破坏正常的教学秩序，扼杀学生学习美术的兴趣，影响教学的效果，最终阻碍课程改革的进程。因此美术课程资源整合应该坚持以下原则。

一、　系统性原则

系统性原则又称整体性原则，就是美术课程资源的整合要站在大教育和整个学科的高度，将各种资源按照各自的特点和功能有计划地合理配置到美术教育的各个环节，彼此之间相互配合而不是相互牵制甚至相互干扰，共同形成一个整体，产生课程教学的合力。在整合的过程中各种因素要分清主次，在具体的教学活动中，次要资源是主要资源的拓展、延伸和补充，要服从于主要资源。具体地说，在一般情况下，校内美术课程资源特别是美术教师和教材应该是学校美术教育的主要资源。因为美术教师绝大多数都接受过专业教育和教学技能的培训，是学校中美术知识和技能的最主要载体和传授者，在美术教育方面具有一定权威性；美术教材的内容和编排都经过本学科专家的选择、论证和加工，其中的知识都是经过长期的学科发展和教学实践证明是美术学科知识中最重要、最适合教学的部分，因此也具有很高的权威性。在课程资源整合的具体操作中，应该以美术教师为主体，以教材为中心，将校内外各种有价值的美术资源融合进来，校内的其他美术课程资源应该服从于美术教师的教学需要，校外的美术课程资源也应该为实现学校美术教育的目标服务，服从学校美术教育的需要，而不应该喧宾夺主。整个课程资源整合应该在美术教师的整体规划之下有组织地实施，使各种课程资源共同形成一个有序的教学资源系统。

二、 合理性原则

所谓合理性原则，就是遵循事物自身的规律，根据美术教学的实际需要，对相关课程资源进行整合。美术课程资源的种类很多，实际的资源总量更是十分庞大。在种类众多、数量巨大的美术课程资源中，并非所有的资源都能够整合到美术课程的某一个具体教学活动中来，而是应该根据教学的实际需要，将与具体教学活动有关的资源经过挑选和甄别后选择最优质的部分进行配置，这些资源必须与教学内容、教学手段及学生的实际水平和能力相适应。如进行“设计·应用”领域的教学时，让学生参观美术馆或画廊的画展就是不妥当的，而应该让他们到商场、工厂或传统手工艺作坊去参观、调查、取经，培养学生的设计意识，使他们对工艺设计的过程及评价标准有清楚、直观的了解。再如有的教师在上绘画课时，为了达到课堂形式丰富多样的目的，会播放一些音乐作品，然而有时他们选择的音乐作品并不能很好地调节课堂气氛，增加课堂的艺术氛围，反而对课堂教学产生干扰作用。特别是学生完成作业阶段，节奏感很强的音乐对学生的情绪造成很大影响，使他们通过绘画作品表达自己的感受、情绪、思想的学习目的很难达到。

三、 可行性原则

可行性原则是指根据现有的教学条件和学生状况，美术课程资源的整合在实际操作中能够顺利进行。课程资源整合不是简单地建立在理论分析的基础之上的，更不能脱离实际凭想象和假设办事，而是要冷静、仔细地分析客观情况，对各种因素充分了解和把握，制定切实可行的实施方案，以保证在教学活动中能够做到步骤严密、操作有序，实实在在地完成教学任务，达到教学目的。从理论上讲，有些资源能够很好地弥补现有课程资源的不足，解决相应的教学活动中的实际问题，但在实际操作中却很难甚至不可能做到，如在进行“欣赏·评述”领域教学时，欣赏敦煌莫高窟的佛教美术作品，最好的途径当然是到莫高窟去实地参观，但对全国绝大多数地区的学校来说，无论是从经费、交通还是从时间角度，都是不可能做到的，如果硬要将敦煌莫高窟佛教美术的实物资源整合到美术课程中来，显然是缺乏可操作性的，而采用影像、幻灯、图片等资源，则不失为一条有效的、可行的途径。再如，我国有很多风景优美、特色鲜明的自然景观，在“造型·表现”领域中的风景绘画教学时，到附近的名山大川去实地写生固然是一种最佳的办法，但有些名山险峻陡峭，大河水流湍急，如果将活泼好动、自制力还不够强的中学生带到这样的地方，肯定会有很多安全隐患，所以在实施时也应该谨慎从事，不能草率。还有，大家都知道网络信息资源是一种方便、快捷、容量巨大的课程资源，学生通过网络查阅相关美术知识、欣赏美术作品、进行互动交流，是学习美术知识、吸收美术文化营养的重要渠道，但在课堂教学中使用则受到学校教学硬件条件的制约，在课外使用更实际一些；而对广大的农村和经济欠发达地区，要求学生上网查阅资料基本上是不可能的。

四、效率性原则

效率性原则也可称为经济性原则，即以尽可能少的金钱、物质资源、时间和精力投入获得尽可能好的教学效果。我国的国情决定了我们的学校教育资源还相对匮乏，美术作为一个小学科在很多学校所能获得的资源则更是有限；很多学生家庭经济也并不富裕，还有不少学生比较贫困甚至非常贫困，因此在进行课程资源整合时，要充分考虑这些实际情况，尽可能选择经济投入要求低、相对教学效果佳的课程资源，不应为了追求所谓的教育现代化而一味选择经济耗费高的资源，从而加重学生家庭和学校的经济负担；我国是一个物质资源短缺的发展中国家，各行各业的发展建设都需要大量的资源，在进行美术教学时，应该尽量节省资源消耗，选择可再生的材料，这样做一方面可以避免不必要的资源浪费，另一方面也能培养学生勤俭节约的良好习惯；现在我国学校学生的课业负担普遍较重，虽然我们希望通过美术教学使学生的身心得到放松，但如果过多地让学生投入时间和精力去进行美术学习和创作活动，也会增加学生的学习负担，因此在进行课程资源整合时，应该尽可能选择要求学生投入时间和精力相对较少的内容。在目前的美术教学实践中，借课程资源整合之名大搞形式主义的倾向比较严重，多媒体教学设备的滥用就是一个典型。有不少课程如绘画教学完全可以通过教师的课堂演示来讲解作画步骤，但有不少教师却硬是把事先画好的步骤图用数码相机或扫描仪输入电脑，或是用电子软件绘制步骤图，然后制作成电子课件，上课时以播放电子课件代替实际演示，其实这样做的效果并不比现场演示好，甚至还不如现场讲解演示。很多教师为了体现自己教学手段的现代化，将本来很简单易行的板书制作成 PPT 文件，上课时又要开电脑，又要拉屏幕，又要调音量，又要关门闭窗，一阵手忙脚乱，花费不少时间，而如果用传统的板书手段，既节省时间和精力，也节省能源和资源，还能将板书与讲解有机结合，教学效果更佳。更有少数教师在制作多媒体课件时乱用特技效果，在播放过程中音乐、动画与教学内容同时呈现，以为可以吸引学生的注意力，而实际情况往往适得其反，面对这些花哨的玩意，学生的注意力非但没有集中到与课程有关的内容上，相反被那些无关的刺激所吸引，教学效果可想而知。虽然多媒体设备的使用能够在某些课程内容的实施上体现出一定的优越性，但是与其高昂的投入相比，它所产生的教学效率却并不理想，而且由于使用水平、相关配套设施和资源的缺乏，它的使用除了具有教学观念更新及教学手段革新和多样化的象征性意义之外，并没有发挥其应有的效用。因此如何合理、高效地使用多媒体教学资源是美术课程资源整合过程中必须思考和解决的问题。同样的道理，其他课程资源的采用，也应该遵循效率性原则，避免增加学校、教师和学生的经济、精力负担和不必要的浪费。

总之，美术课程资源的整合是实施美术教学、取得更好的教学效果的手段，而不是课程改革的目的。充分发挥各种课程的作用，将它们合理、高效地整合到美术课程的系统中来，并切实地融入到具体的教学实践中，从而促进美术教育目标的实现，是值得每一个美术教育实践工作者和研究者思考的重要课题。

第四节　人文课程资源在美术教学中的利用

美术课程的资源是极其丰富的，它可以来自生活，来自家庭，来自社区，也可以来自社会，甚至更大的范围。美术教育应善于从各种教育资源中汲取有益的营养，立足于多元的文化观，积极地探索和开发新的教育资源，从广袤的、宽阔的认识出发进行积极的思考和有效的实施。由此，根据学校办学传统及学生实际，结合当地条件，努力开发与利用美术课程资源，不断地丰富学校艺术教育课程，将成为学校的一道“风景线”，一种校园文化特色。

一、开发与利用校内课程资源

开发与利用校内课程资源，除按美术教材进行教学外，还应根据学校的已有条件（或创造条件）进行美术课程资源的开发与利用。

1. 开创展示学生美术作品或中外优秀美术作品的艺术长廊。这样不仅美化了校园，营造校园的艺术气氛，丰富校园的文化艺术生活，而且大大地提高了学生学习美术的兴趣与欣赏评价艺术作品的能力。美术教师要根据校内开展的美术兴趣小组的创作活动或搜集课内外学生的优秀作业，在学校门厅、走廊、教室等场所进行展示，如：举办美术课堂作业的展览、美术创作和临摹展等。作品展览内容丰富、形式多样，从平面绘画到立体工艺制作等无所不及，而且还根据学校的特色项目举行有特色的艺术作品展，产生良好的艺术效果和广泛的辐射影响作用。

2. 建立健全校内美术图书馆。根据新的美术课程标准要求，教学活动应注重学生的自学和合作学习，以及教师自主开发的教材内容，这些都需有大量的丰富的美术教育资源作为参考。因此，应用和建立校内的美术图书馆的资料显得尤为重要。学校应充分考虑到对美术理论书籍、美术教育理论书籍、美术作品集、美术杂志、美术教育杂志、幻灯片、录像带、光盘等进行整理补充、专项管理，以供学生学习美术以及教师进行美术教学时选用。

3. 综合利用各个学科的教育资源。美术教学中不仅有美术的基本知识、基本技能，而且包括了思想道德教育、行为规范教育。这样我们就将语文教学中的语言艺术、数学中的逻辑艺术、科学中的自然规律、道德与法治教育中的行为艺术联系起来，让学生去创造属于自己的表达方式。

二、开发与利用学校周边的文化资源

随着城市小区规划的进一步完善，学校周边的各种文化氛围使得学校周边的资源开发更趋丰富。因此，一方面可以利用学校周边所拥有的公共文化设施资源进行美术教育教学活动，把这些公共文化设施中所拥有的美术资源与具有特色的建筑作为美术课程教学的内容。同时，还可以和书画协会、雕艺协会、文化馆等文化部门携手，开展多种形式的美术教育活动，通过参观美术展览、举办专家讲座等，使美术课程资源得到极大的开发和不断的丰富，使教育思路更为宽广，学生的视野更为扩展。另一方面，学校周边农村的民宅、民居、寺庙等，都可以作为学习内容来开发，设计教学课程，开展教学活动。例如，当地的古民居、海边的渔民、古香古色的寺庙……这些富有地方特色的文化资源无不为美术教学注入无限的生机。

开发和利用学校周边的文化资源，不仅给学生以审美的体验与感受，同时又是对学生进行继承传统、弘扬传统文化、美化生活、美化环境的教育和爱国主义教育。

三、 开发与利用当地的物质资源

物质资源是指自然界中可用于美术教学的自然风景、物产资源等各种因素。美术教师要以敏锐的眼光，因地制宜地将许多物质材料引入美术课堂，创造性地开发出一系列各具特色的校本课程。例如：开展泥塑、石雕、卵石、贝壳、树根、竹根造型；利用树皮、树叶、树枝、小果子、豆类、稻草、蛋壳、瓦片、沙子、羽毛、菜秆、树藤、棕叶等材料进行编织和捆扎造型；利用各种废弃物如饮料瓶、易拉罐、一次性水杯、废盒子、泡沫塑料、电话卡、废光盘、塑料袋、塑料绳等材料进行造型和创造。这些都可以做到“点石成金，变废为宝”。所产生的美术作品具有鲜明的地方特色，有的散发出民间艺术的味道，体现出浓郁、拙朴的造型之美，有的则充满现代城市的意味，展示出多种工业材质之美和现代感，还渗透着环境保护、废物利用的意识，深受学生的喜爱。

四、 开发与利用信息化资源

信息化资源主要指多媒体化、网络化、交互化的以网络技术为载体开发的校内外资源。信息来源广泛且快捷，在美术教学中应该注重根据学校的有利条件进行信息化美术课程资源的开发与利用，鼓励学生在校内和校外充分利用网络获取最新美术以及与美术有关的信息。同时，美术教师也应用网络不断地获取美术教育的信息，了解美术教育的新动态，开发出富有创意的教学内容和方法，积极进行信息方面的交流，利用学校的网络功能在美术课上引导学生学习、制作个人美术网页或班级、学校的美术网页，开展学生间、学校间、省市间甚至国际间的学生作品交流。美术教师还可利用网络发表自己的教学成果，与其他地方的美术教师、美术教育研究者、艺术家等进行多方面的研讨。例如，学校所订阅的美术报刊、杂志，以及在学校网站上所开辟的美术专栏，对师生了解美术信息、促进美术交流等起到很大的作用。

总之，学校的美术教育应由单纯的美术课堂教学转向充分利用社会文化资源、物质资源以及其他信息化资源，多方面拓展教育渠道，延伸艺术课堂，把体现高尚文化精神的艺术课程转移到学生的生活和学习之中，把艺术教育与实际生活结合起来，这既体现了美术教育中蕴涵的宽容、包容的心理素养，又表现出了教学应构建宽泛的框架，同时也体现出教学思维的多元化，对丰富美术教育教学的内涵、扩大学生的认识视野、培养学生的创造精神、激发学生的学习兴趣具有重要的意义。

【教学案例】

《家乡的桥》教学设计

一、学习领域：造型·表现

二、课时安排：一课时

三、教材分析

《家乡的桥》通过认识家乡桥的艺术特点，用绘画的形式表现创作家乡的桥。本课注重挖掘家乡的历史文化资源进行教学，通过观察、分析家乡的洛阳桥，了解洛阳桥的艺术特点，从而激发学生丰富的想象力和强烈的创作欲，并用绘画的形式自由创作表现家乡的洛阳桥，培养学生的美术实践能力。课后的拓展，通过欣赏让学生认识美术表现的多样性。

四、教学目标

1. 引导学生了解洛阳桥的结构和造型特点，了解、欣赏洛阳桥的造型美。

2. 启发学生用绘画的形式表现洛阳桥，培养学生的创作能力。

3. 欣赏有关桥的美术作品，提高学生的鉴赏能力，增强热爱家乡的情感。

五、教学重点

用自己喜欢的绘画形式创作表现洛阳桥。

六、教学难点

了解洛阳桥的结构、用途，感受洛阳桥的造型美。

七、学具准备

教师：准备有关洛阳桥的课件、纸、勾线笔。

学生：搜集有关洛阳桥的图片和资料、纸、喜欢的画材等。

八、教学过程

（一）引导阶段

1. 课前教师布置了用各种形式查找有关洛阳桥的资料的任务，了解了有关桥的知识，这节课我们一起玩有关桥的知识的抢答游戏，看哪位同学课前预习得最好，最快并正确的同学有奖励。

2. 出示抢答问题。

（1）中国最古老的桥建于哪一年？第一座浮桥建在什么地方？

生：公元35年，建在长江。

（2）我国古代石拱桥的杰出代表是举世闻名的河北省赵县的什么桥？

生：赵州桥。

（3）中国人自行设计、制造、施工的第一座公路桥叫什么？

生：南京长江大桥。

（4）中国最长的桥叫什么？

生：江阴长江公路桥。

（5）世界上最长的桥叫什么？

生：日本明古海峡桥。

（6）我们的家乡泉州也有很多各式各样的桥，请说说。

生：晋江大桥、洛阳桥、各式各样的天桥等。

（评析：课前引导学生自主查找资料，了解桥的有关知识。以抢答游戏的形式，确保学生课前自主预习的实效性，并激发学生的学习兴趣，为进一步学习打好基础）

（二）发展阶段

1. 家乡的桥很多，建在不同的位置，请小组讨论以下两个问题：

（1）它们的用途是什么？

生：美观、实用的桥给我们居住的城市带来了美。

(2) 桥的形式多样，请同学们注意观察它们的共同之处，也就是说它们有什么相同点、不同之处。重点引导分析家乡的洛阳桥的特点。(师生讨论，师出示课件)

相同点：桥由桥梁上部结构和下部结构以及桥梁防护建筑物组成。

不同点：桥梁的桥墩粗细的变化、护栏的变化、桥灯的变化、桥的装饰的变化。

(评析：通过观察、分析桥的图片，让学生自主探究，从中发现桥的用途和结构，强化学生对知识的认识和掌握，培养学生的观察能力和自主学习的能力)

2. 家乡的洛阳桥真是太美了，想不想动手画一画？怎么画？教师根据学生说的内容，用线描的形式示范洛阳桥的作画过程。

(评析：示范起到提高学生学习注意力的作用。学生在教师直观的示范过程中明白将要采用的作画步骤)

3. 欣赏学生创作的家乡的洛阳桥的美术作品。(出示课件)

(评析：通过欣赏学生作品，增强学生的感性认识，感受丰富多彩的学生作品，体验美术作品的美)

4. 作业要求：用绘画的形式创作表现家乡的洛阳桥，桥画好后可以根据画面需要适当添画背景。

(评析：通过创作，提高学生的美术实践能力)

5. 学生练习、教师巡视，个别辅导。

(三) 评价阶段

1. 学生将画好的作品贴在黑板上相互欣赏。

2. 师生评价作品时围绕四点：(出示要求)

(1) 是否表现家乡的洛阳桥？

(2) 洛阳桥的造型美吗？

(3) 添画背景是否合适？

(4) 构图合理吗？

(评析：通过作业展评的方式，引导学生自我评价，养成“学习—评价—学习”的良好学习习惯。通过评价，培养学生语言表达能力。通过师生、生生间的共同评价，发现作品的优秀之处和存在的问题，有利于形成正确的认

知能力）

（四）拓展阶段（出示课件）

1. 一起来欣赏画家用各种表现形式创作的桥。

2. 除了画桥，还可以用各种材料进行制作，欣赏书中用其他材料制作的桥。

（评析：通过欣赏各种表现桥的美术作品，拓展学生的眼界，认识美术表现的多样性）

3. 随着科学和时代的发展，桥的造型、用途也在不断变化，你们想不想欣赏小朋友们大胆想象创作出的非常有特色的未来的桥?

（评析：欣赏“未来的桥”学生作品，促使学生新知识的生成，从而激发学生丰富的想象力）

第九章　人文视域下儿童美术创新思维的培养

小学美术课是对儿童进行美育教育的重要途径，对于启迪智慧、陶冶情操、促进学生全面发展具有重要作用。它不但能培养学生的审美情趣，增强学生的审美素养，而且对学生的观察力、想象力、创造力的培养与发展都有很大作用。作为美术教师，一方面要传授美术知识，使学生掌握美术技能；另一方面要激发学生的学习兴趣，增强学生的创造力和竞争意识，使学生懂得要凭自己的聪明才智去探索、思维、想象和创新，激发他们在竞争中主动获得新知，形成创新能力，提升人文素养。

第一节　培养儿童“求异”思维的四部曲

“求异”思维也叫发散式思维，是沿着不同的方向去思考，对信息或条件加以重新组合，找出几种可能的答案、结论或假说。它是一种不依赖常规寻找变异的思维，也就是寻求答案多样化的思维。

“求异”思维特别擅长对事物和现象作异质的区分，它是摆脱习惯定势达到超越的一种思维方式，是创造性思维的重要支点，是使儿童成为创造型人才的基础。儿童是人生思维最自由宽松、最独立没束缚的阶段，因此儿童是培养“求异”思维的最佳时期。

培养儿童“求异”思维必须讲究循序渐进，即由浅入深、由简到繁、从易到难。在美术教学中，我们总会遇到一个相同的问题：孩子出现模仿教师范作的现象。究其原因，发现是孩子因思维狭窄或定势导致，美术教学无疑只是起到了一个照搬效果。所以，对儿童“求异”思维的诱导和培养已成为当前美术教学中必要的研究课题。

一、在观察中培养“求异”思维

实践是思维的基础，而与之息息相关的观察又是思维的一个重要前提。儿童的思维形态、知识门类都是在观察的基础上发展起来的，观察引起思维训练的一个重要途径是对形体的把握。因此，利用儿童美术教学作为培养儿童“求异”思维的一个起点是最恰当不过了。尽管近几年儿童美术教学活动百花争艳，但为美术而美术的现象甚多。比如时常听到：“哎呀，画错了，请看看黑板，电冰箱是圆的吗？苹果是紫色的？小傻瓜!”这种过分认真、仔细、求实的精神伤害儿童思维的开拓性，容易培养思维惰性，成为独创性思维的天敌。看图要从不同角度观察，要说出别人说不出的事物，或引导他们沿着不同的方向去思考，使儿童有意识寻找一些不同于他人的答案。

因此，在美术教学中要教会儿童正确的观察方法，培养良好的观察习惯。首先，在观察的同时，准确地概括物体的外形特征等。如在欣赏美丽的花的同时，学会将花的外形概括成椭圆、圆等形状。其次，学生观察的顺序，要求有序观察，有目的地观察，由大到小，由表及里。再次，要求儿童具有良好的观察习惯，教师在课上可启发诱导，课后布置观察作业，让儿童由不自觉向自觉，由完成任务向养成习惯发展。观察中，可要求儿童有一定的观察任务、观察目的，并做到将观察由点及面地铺开，做到天天有观，观后有感，常常画日记画，不断增强儿童的观察意识，提高观察能力。

二、在想象中培养“求异”思维

人们对现象的关注必然导致思维中想象之门打开，想象使事物之间充满内在联系。如美术课题《小鸟》，我先带孩子们去散步，观察小鸟的生活习性。回来讨论：你看到的小鸟在干什么？小学生马上说出不同的答案：小鸟合唱团正在紧张地排练，他们唱得可好听了；小鸟们玩累了，闭着眼睛在休息；我要设计小鸟机器人，担当环保小卫士……

“老师想的和你们不一样，我想小鸟正想飞到月亮上荡秋千呢!”

“对对对，老师，我看到小鸟们正在造宇宙飞船，想当火星人呢!”

老师别开生面的构思，可给儿童提供更多“求异”思维的突破口。这时，还可渗透给学生一些科学知识，引导他们大胆展开想象的翅膀。孩子们的绘画作品果然没有一幅是相同的，小鸟有的躺在草地上休息，有的在“竖蜻蜓”，有的在看书，还戴着眼镜呢！非常富有儿童情趣的“求异”性作品，体现着孩子们天真烂漫的想象空间！这样，想象就给“求异”思维添上了翅膀，充分地发展了他们的创造能力。

三、在美术创作中培养“求异”思维

具体形象思维是儿童的主要特征，高年级的孩子有的已开始了逻辑抽象思维的萌芽，这是儿童言语发展和知识经验增长形成的结果。所以在儿童思维能力迅速发展、求知欲增强、技能逐步提高时，在美术创作上，便进入了一个旺盛时期。这就要使儿童观察、构思与技能技巧有机结合，相辅相成，更好地发展创造能力。

如画故事《猫医生过河》，教师通过给孩子讲故事，交代人物、地点和故事情节，提出矛盾，然后启发孩子按自己的构思大胆落笔，用跟别人不一样的方法帮助猫医生过河，启发儿童多角度去画。也可将音乐欣赏与绘画相结合，让孩子欣赏乐曲（不给题目），对乐曲展开丰富的想象，并把它画下来。如音乐《赛马》，有的小朋友画万马奔腾，有的画热闹的集市，有的画叔叔阿姨们急匆匆去上班。在美术创作训练中培养“求异”思维，也就是利用各种美术表现手段发展“求异”思维。

同时，在引导儿童进行美术创作时，要不断诱导儿童进行独创、求异，诱导启发的方法有许多：

1. 谈话启发法。教师可通过对儿童进行谈话的方式，引导儿童思维的开阔性与独创性。

2. 直观欣赏法。教学中也可运用直观手段，让儿童欣赏较多的范作，来拓宽儿童的思维。

3. 讨论引导法。讨论，能够博采众长，开阔思路。教学中，可在欣赏多层次的范作之后，组织孩子分组进行讨论，当然，教师要明确讨论主题与要求，并进行总结。在美术教学中，讨论不仅能使儿童的思路得以拓宽，而且往往能活跃课堂气氛。

四、在作品展评中培养“求异”思维

展评孩子的作业是对孩子学习成绩的肯定，通过不同方式的展评，既能增强儿童的学习信心，又能及时发现问题，加以改正，提高教学质量，还能引导儿童的思维多元发展。

1. 绘画作品，可采用评选“最佳小画家”的方法进行展评，让孩子说说创作的感受，教师给予一定的肯定与鼓励。对于儿童来说，欣赏儿童范作极易受到感染，而由此受到启发，并跃跃欲试。

2. 手工作品，可采用“巧巧手”评比的方法，让孩子将自己的作品布置到教室，美化环境，展示自己劳动的成果。这种方法能培养儿童良好的自评习惯与集体合作精神。

当然，要发展儿童求异思维的模式，方法是千变万化的，在教学中，如能时时作为课堂教学努力的方向，那么对于培养儿童的思维品质及提高儿童各方面的素质，都将起到重要的促进和推动作用，我们要根据教材和学生具体情况，因势利导，坚持不懈，更好地促进儿童智力的发展。

总之，儿童的“求异”思维是创造性活动的前提，这样才更易开发智力，达到教育的目的。在辅导儿童美术学习中培养他们的“求异”思维，就应给他们的“求异”思维以积极的鼓励和正确的引导。让儿童插上想象的翅膀，在思维的广阔天空自由翱翔。

第二节　在美术教学中培养儿童的创新能力

艺术的价值在于发现和创造。近年来，随着艺术观念的大大拓展，世界上许多艺术家不再囿于技巧和模仿现实，而在艺术观念、艺术表现手段、艺术语言等各个领域中探索创造。这些正是我们美术教育中应该汲取的，教师要让学生了解艺术中最有价值的东西不在于技巧和内容，而在于不断的发现和创新。因此，在美术教育中，要让学生通过艺术教育了解社会现实，关注现代生活，增强创新本领，鼓励学生亲身参与艺术活动，享受艺术熏陶。那么在美术教学中如何培养学生的创新能力，提升学生的人文素养呢？我们可以从以下方面做些尝试。

一、创设情境，增强创新意识

培养创新意识需要宽松和谐的交流情境。新课程标准强调教学过程是师生交流、共同发展的互助合作过程，教师是学生与美术沟通的桥梁，和谐平等的课堂气氛能使学生的心情愉快、情绪轻松、思维敏捷、想象力丰富，在充满自信的状态下去探究，去创造。在这种宽松的情境中，人的心智和情绪都达到最佳状态，感性思维和理性思维都会急速运转，极力想超越经验的世界。这时候，一个小小的暗示，都能使灵感的源泉喷涌。具有开拓精神的教师，本身思维敏捷、头脑灵活，在教育教学活动中，会给学生创造很多的机会，不仅能采用许多培养学生扩散思维能力的提问方式，而且会经常安排学生向老师提问的时间。创设师生交流的环境，向学生提出与教学内容相关的开放性的问题，让学生自由想象，无疑是培养学生创造思维常用的方式。

美术具有非语义的特性，它丰富的线条与色彩充满了自由性。它朦胧和不确定的特征赋予学生一个感受美、理解美、想象美、演绎美和创造美的广阔空间。可以说是观而有物，物而有景，景而生情。在教学小学美术第七册《中国绘画作品》欣赏时，我先让学生自己欣赏，然后由学生说看到了什么，学生再根据自己对作品的感受，展开丰富的想象。欣赏《早春图》时，有学生说看到了气势宏伟的高山，有的说看到了潺潺的溪水。在欣赏《桃实图》时，学生说仿佛看到了人们收获的喜悦。欣赏了《牧马图》和《群马图》时，有的说仿佛置身于浩瀚的草原，看到万马奔腾的磅礴气势。欣赏《山村飞瀑》时，有的说仿佛听到瀑布震耳欲聋的声响，可以用“飞流直下三千尺”来形容，有的说这幅画可以用《秋思》的诗句“枯藤老树昏鸦，小桥流水人家”来形容，仿佛置身于桃花源中。学生们充分发挥了想象与联想的空间。教师不能用固定的思维模式，去横加阻拦他们的思维方式，或者去否定他们的思维方式，而应去捕捉他们思维中的闪光点并加以引导。儿童的内心世界如天空的彩云，多姿多彩。而美术欣赏正是要抓住儿童内心世界丰富、充满好奇心的特点，借助视觉绘画作品帮助儿童走近美术，进而走进美术世界，体验美术作品所表达的不同情感，从而不断提升审美的想象力和创造力。

二、引导想象，训练创新思维

没有发散思维就无所谓创新。我们知道学生开始作画时，都是凭印象和模仿来画，常常是别人怎么画，他也照着画，缺乏自己的独特性。如果不打破这些定势，思维就不会活跃，久而久之就丧失了创新意识。所以，教师在课堂上要训练学生的发散思维，采用“一问多思”“一题多种表现”等方法来引导想象。如画“风”，可以对学生设问：“大风吹来时，会出现什么情景”，请每个学生不要忙着回答，多动动脑筋，然后，将各自的想法画下来。这时，他们就会发现风吹的情景有多种多样：有的学生画树干弯弯的；有的画树叶满天飞；有的画帽子飞了；有的画水面起大波浪……总之，十个同学有十幅独特的画，都是属于他们自己的画。在教学《色彩的冷暖》时，我先设计房间、树木、远山，再给出多种不同的冷暖色，让学生自己选色然后填入，让大家在涂色游戏中感受色彩的冷暖。再让学生讨论哪些是暖色、哪些是冷色。在不同的环境中有没有发生什么不同的变化？在我们的生活中哪些事情是利用了色彩冷暖这一特性？通过讨论，他们思维活跃了，从而达到了训练的目的。

三、 激发兴趣， 形成创新能力

兴趣是主动学习的内驱力，是求知的先导，更是思维发展的触发器。当学生对周围美丽的、引人注意的事物发生兴趣时，他的注意力特别集中，求知欲特别旺盛，接受知识的态度特别积极，知识在头脑中也就会留下深刻的印记。教师要在教学中有意识地激发培养学习美术的持久兴趣，激励学生长期处于较佳的学习状态中，给他们更多运用美术的机会，让他们把所学的知识运用于实际，使学生认识自我，取得不同的成就感，增加自信心，使学生对美术乐学、会学、善学，在美术学习中寻找乐趣。

四、 精选内容， 提高创新本领

在美术教学中，教学内容的选择十分重要。要通过教材内容这个载体，积极开发学生对美术的兴趣，让他们的创造力能充分地展示，并针对不同年龄学生的心理特点进行选材。如低年级学生减少了铅笔画、水彩等写实性要求较高的内容，降低了美术作业的写实性要求，更符合美术教育的教育观；中年级增加了构成、设计、工艺、版画、雕塑等设计性、制作性较强的内容，更适合学生的知识结构、年龄特点，也更加符合学生的兴趣、能力等美术心理特点；高年级增加了美术欣赏和美术常识等现代美术学、审美知识性的内容，以及与现实生活联系密切的各种设计、现代建筑、环境艺术等，具有鲜明的时代感。

五、课外拓展，提供创新途径

1. 在工艺课中培养创新思维能力。在高年级的美术教学中，绘画作业对学生创新思维的体现不那样突出，而工艺性作业的体现则较为突出，这主要是因为学生的动手能力迅速发展，学生的兴趣转向现实，对某些创意、设计类的课程比较感兴趣。如让学生制作生活中最感兴趣的作品，许多学生制作的人物、房屋、脸谱都很有创意，这给学生提供了展示才能的机会，学生不仅仅是动手制作、动脑构思，而且通过立意的思考，升华了主题思想，培养了创新思维能力。

2. 在欣赏课中培养创新思维能力。高年级学生的求知欲非常强，知识性较强的美术常识、美术欣赏课越来越受学生的欢迎，同时由于学生的理性分析能力和逻辑思维能力日益发展，也希望能用所学的知识指导自己的美术作业。在上美术欣赏课时要多传授各方面的知识，拓展学生知识面，通过多方了解来丰富自身的知识结构，并培养学生的创新能力。

3. 在写生课中培养创新思维能力。美术学科有着实践性的特点，学生的许多想法来自于生活与实践，多感才能多知。如美术活动课《感受春光，了解春天》，我让学生来写生身边熟悉的春光、春景。有的学生还从未仔细观察过春天的美好的景色，通过写生他们学会自我观察，如完全写实照搬画面肯定不好看。因此，在写生中引导学生观察的是自然中的结构、形状，要求学生用减法方式，减去不入画的部分，补充一部分，使构图完美，意境更充实。写生提供了创作的源泉，经过艺术概括，去粗取精，创造出的是比现实景物更有个性、更为鲜明的形象。总之，写生能培养学生善于观察、准确观察和敏捷观察的习惯，增强创造想象能力，提高学生发现美、鉴赏美、创造美的水平。

六、巧用电教，营造创新氛围

当今社会科技的发达，新技术的广泛应用以及现代化教育手段的不断更新，使得多媒体教学进入美术课堂成为必然。在以往的教学中，基础知识和技能主要是以教师的讲授为主，加之简单的演示和学生的练习，往往理性知识多而感性材料少，造成学生注意力下降，常处于机械的、被动的学习之中。如果能利用投影仪，进行静态的画面演示，利用电脑技术的动画、音响和教师精当的讲解，就可以吸引学生，让学生迅速融入情景，进而发现、联想、模仿、创作，在浓厚的兴趣中完成学习任务。

第十章　人文导向的儿童美术教育评价

美术新课标明确指出，在系统地、科学地和全面地搜集、整理、处理、分析美术教学信息的基础上，对美术教学的价值做出客观而较为准确的判断，包括对课堂教学、学生、教师、作业等各方面进行综合评价。这就要求将美术教学评价的焦点指向学生的美术学习与发展，既关注学习的结果，又重视学习的过程，其目的在于促进美术教学改革，提高美术教学质量。通过美术教学评价改革，促进美术课程评价体系的完善，让小学美术教师能有效操作，检测美术课程实施与目标达成情况。

第一节　儿童美术教育评价的人文取向

儿童美术教学评价的体系建立、方法选择等固然重要，但更重要的是要把有利于学生心智的健康发展、有利于学生审美情趣的培养、有利于学生美术能力的提高、有利于课堂教学方法的优化作为教学评价的价值取向，使评价活动真正成为促进教学、促进学生全面发展的重要手段。

一、　儿童美术教学评价的人文内涵

美术教学评价是依据美术学科教学目标，对儿童美术学习过程及结果进行价值判断，并为美术教学决策服务的活动，是对美术教学活动现实的或潜在的价值做出判断的过程。美术教学评价是研究教师的教和学生的学的过程。在美术教学评价中应立足于美术学科核心素养目标，以多元而全面的评价方式关注美术课堂、学生作业、教师教学，从而促进儿童全面发展及教师专业成长。

儿童美术教学要强调促进每个儿童身心健康的发展，培养儿童良好品质的形成。要注重主题思想的引领，构建符合儿童审美特征的美育模式，要以童真为上，以拙趣为美，通过发展性评价，激发学生主动探究的热情，培养学生美术的表现能力。

二、 儿童美术教学评价的人文意义

美术是人类文化的一个重要组成部分，美术教学评价要以激发儿童对真、善、美事物的向往为目的，不仅要求美术教学内容丰富，而且要求美术教学形式多样，充分利用美术学科的特点培育儿童关键能力，陶冶儿童良好品格。

1. 要形成人文取向的评价观。

在美术教学中，教师要树立促进儿童全面发展的评价观，要以提升儿童审美和人文素养为宗旨，关注儿童审美品质和能力的形成过程，灵活选用评价方式。学生形成性评价的最大功能首先是成就了教师的教学理念，教师要非常明确不是为了评价而做评价，儿童评价在教学的始终，在教学的每个环节，也是为了促进儿童的学习，让儿童找到自我矫正和提高的标准和方法。更重要的是，在实施儿童评价的过程中，儿童能理解教师的教学意图，教师将美术教学目标转化成儿童美术学习成果时，儿童的学习主动性就能上来，他们的自我约束和自主管理才能形成习惯，评价的指标便可成就儿童的学习习惯和美术学习品质，真正发挥评价的促进儿童全面发展的功能，使儿童在对照教师的评价项目时，找到自己应该遵循的行动准则。而且在美术学习方式组织的不同场合，学生之间都能把握好自己的美术学习目标，并且为了这个目标而努力，提高学习效率。如《会动的线条》一课，其教学目标主要是让学生了解并体验线条的动感之美，我以游戏的方式让学生观察彩带挥动出的各种波浪线，及旋转出的大大小小的圈子，并把观察到的彩带的“舞蹈动作”描绘下来。在老师的鼓励下，一幅幅由线条组成的画面显示出十足的动感。

2. 关注人文发展的美术课堂评价。

美术教学发展性课堂评价的目标在于促进美术课程的发展，实现学生个性成长与美术课程功能的转变相适应。美术课堂应创设民主、平等、宽松的学习氛围，要注重体现主体性教学，注意采取民主态度，支持学生发表不同的意见，鼓励学生积极探索。如在上《小小手》一课时，我通过与学生一起探讨怎样把手画下来，学生大胆发表了自己的意见，有的说可以把手放在纸张上，再用笔把它的外形描下来；有的说可以把手用水沾湿一下，印到纸张上，再把外形描下来。这时，学生的创造欲望和行为得到了激活，作业表现形式丰富多彩。美术教学发展性课堂评价的出发点是着眼于发展与创新，在促进美术课堂教学发展与创新的同时，课堂评价本身也是不断发展与创新的。

3. 儿童美术学习过程评价。

心理学家詹姆斯说，“人最本质的需要是渴望被肯定”。因此在儿童美术学习过程中，要坚持以鼓励为主的评价，才能帮助儿童增强自信心，才更能激活儿童的美术创作思维，让他们主动地参与到美术学习活动中。评价要贯穿课堂的始末，进行全方位的评价，促进学生美术能力的提升。如在教学《全家福》时，我便是摒弃了技法的讲授，而把着眼点放在学生情感的激发，表现方式的多样化方面，放手让他们大胆展现自己的想法，再以交流的形式与学生探讨，不失时机地点拨、提醒，让课堂成为师生共同交流信息和切磋学问的论坛。学生的创作令我耳目一新，表现手法五花八门：剪纸、水粉画、手抄报……更有趣的是班里的“小画家”用水墨画的形式画了班集体的全家福，他在介绍自己的作业时说“咱们的班级也是一个可爱的大家庭”。他们的作品还很稚嫩，不够精致，但如果我们只一味强调概念化的图式技法，忽略学生的感受的话，那这意想不到的效果就见不到了。因此，要充分运用各种评价方式，激发学生美术学习热情，大胆运用美术语言进行自我表达。画无定法、创作无规，让孩子们充分展开想象的翅膀，大胆而愉悦地表达内心的感受吧！

4. 儿童美术学业的评价。

在学生每次作业后，总会有一个展示作业的平台，这是孩子们创作的成果，是他们心智的结晶。美术教师要改变传统美术作业评价方式，关注学生美术能力发展的多元化及个性化。在教学中，要逐渐把美术作业评价处理为美术学习的一个活动，通过这个活动安排，让学生对美术的学习进入不同于平常的学习境界，同学之间互相观赏、讨论，互相提建议等等。通过学生的自评、互评、师生互动、教师不失时机的点评等多元化的评价，允许学生有不同的思考、不同的理解，以自己独到的视角评价自己的作品，而不是简单地以“好”“不好”为标准去衡量。曾经有一个学生，美术水平较弱，没有自信，但很喜欢画画。有一次绘画课上，他怯生生地拿自己的作业来问我：“老师，这样行吗?”显然这画面有些单调，但我从他的眼神中感受到了他的期待与欣喜。这时，我鼓励：“你的构思很奇特，构图也很有个性，如果这里再加一点，你觉得如何?”我一边说一边在他的画上比划了一下。经过一番修改，他的画变得漂亮了。如果当时我缺少耐心或盲目批评，就会打击他进一步学习的积极性和自信心。所以，作为美术老师应该珍视学生的劳动成果，努力为他们搭建成功的平台，努力让学生与学生、学生与老师的交流，以及通过思维的碰撞，引发学生的情感共鸣，产生新的美术学习冲动，闪出更耀眼的火花。学生作业评价这个平台的搭建，有效地促进了学生的美术学习。同时美术学业评价，还能真正发挥美术教育提高学生综合素质，促进学生全面发展的作用。

在美术教学评价中，要注重培植儿童进行研究性学习的热情，关注儿童在美术学习中生命成长的过程，提供给学生发展个性的土壤，让儿童在主动探索、发展和自主体验中获得真切的学习感受，提高理解和运用绘画语言、技巧的能力，开启儿童创造之门，陶冶儿童良好品格，真正发挥评价的导向功能，实现美术育人的目的。

第二节　儿童美术教育评价的基本原则

儿童美术教育评价是以美术教育的全部领域作为评价对象，按照美术教育目标，对所实施的各种美术活动及其效果、儿童的学习质量和发展水平进行科学的估量和判断，以探索儿童美术教育的基本规律，从而更有效地指导美术教育活动，以符合美术教育目标的要求。儿童美术教育评价的范围包括美术教育管理、美术教学活动、师资建设情况等方面。在实施美术教育评价时应遵循以下几方面原则。

一、客观性原则

所谓客观性原则，就是要求在评价过程中以客观事实为依据，评价结论符合儿童的实际，把主观臆断降低在最低限度内。其基本要求是：

1. 确定评价目标、指标时要客观，指标的内涵和外延要与所评价对象属性一致。要以课程标准为依据，遵循教育自身的规律，既不能随意拔高，也不能无原则地降低指标要求。

2. 搜集信息要真实、全面。只有深入调查研究，运用科学的评价办法，才能获取真实的反映儿童的信息，为评价结果的客观性提供条件。

3. 评价者和被评价者都要克服消极心理影响。如评价者的偏见、主观爱好、疲劳心理等，被评价者的回避心理、讨好心理等。

二、 方向性原则

所谓方向性原则是指儿童美术教育评价要坚持“以美育人”和人的全面发展的素质教育理念，评价过程的出发点和着眼点要与儿童的终身发展保持一致，评价要促进儿童美术教育沿着人文素质教育的方向发展。通过评价的正确目标导向，让教师树立正确的教育观，克服单一的评价方式，发挥评价对人的终身发展的导向作用。其基本要求是：

1. 制订儿童美术教育目标和评价指标，要认真学习美育方针、政策，广泛调查了解儿童美术教育的实际情况，树立与人文素质教育的要求相适应的教育观、人才观和价值观。

2. 评价指标要体现正确的方向，有利于儿童身心全面发展，把评价指标变成达到人文素质教育目的的行为规范。

3. 评价者要明确评价的目的，为儿童审美发展指明方向，起到目标导向和激励作用。

三、 科学性原则

所谓科学性原则就是要求整个评价的内容、程序和方法都必须遵循规律、符合实际。对确定评价目标、建立指标体系、制订评价方案和利用评价结果等方面都要克服主观随意性。其基本要求是：

1. 树立科学的评价指导思想和观点。要以正确的教育方针、政策为指导，运用以美育人的观点和方法，进行儿童美术教育评价的每一项工作。

2. 依据儿童的特点和评价目的，选择和使用科学的评价方法。把定性评价和定量评价结合起来，能直接测量的一定要用定量的方法获取数据，对不能直接测量的对象，则运用定性与定量相结合的科学方法获取信息。

3. 把静态评价与动态评价有机结合起来。静态评价是对儿童现状的分析判断，而不考虑原有基础、原有条件、发展的幅度和趋势。动态评价是对儿童发展过程、现状与过去的纵向比较、分析和判断，并预测未来发展的潜力和趋向。如果只重视静态评价，就容易导致原来美术基础好的永远好，原来美术基础差的永远差，使美术基础好的产生自满骄傲情绪，美术基础差的逐渐丧失信心。如果只重视动态评价，就容易忽视现状中存在的问题，就不利于横向比较和学习交流。因此，两者要结合起来，互相取长补短。

四、 全面性原则

所谓全面性原则就是要求制订评价指标、提取评价要素、收集评价信息、分析评价结果等都要全面反映儿童的属性，体现儿童的人文发展需求。其基本要求是：

1. 确定儿童美术教育评价目标的指标要全面，要弄清评价目标和指标的内涵和外延，以不断夯实儿童的人文底蕴。

2. 获取的评价信息，反馈的评价结果要全面。通过多种渠道，采用多种手段，广泛收集与美术学习评价有关的信息，不能凭一面之词、管窥之见或道听途说就以偏概全地下结论；分析和反馈评价结果时，既要看到取得的成就和进步，又要看到存在的问题和差距；既要分析有利因素和不利因素，又要指导努力方向。

3. 把单项评价与综合评价结合起来，可采取等级加鼓励性评语的方式，激发儿童美术学习的兴趣。

五、 可行性原则

所谓可行性原则就是要求评价程序、评价指标体系、评价标准、评价方法等都要简便易行，便于操作。其基本要求是：

1. 阐述评价理论要深入浅出，便于理解，不要生搬硬套教育评价理论，要结合儿童素质发展的实践来阐释。

2. 评价指标要少而精、重点突出，语言表达要准确清晰，不能产生歧义，指标内涵外延切忌大而空。

3. 评价程序和方法要易于操作。要采用科学、实用、简便的方法对儿童美术学习过程和学习结果进行评价，同时要有利于促进儿童身心健康发展。

六、自评与他评相结合的原则

人文导向的儿童美术教育评价的核心是人的评价，在美术学习评价时要把自评和他评结合起来，才能使美术教育评价调动儿童美术学习的积极性和主动性，提高儿童美术教育的效能。其基本要求是：

1. 自评可使儿童自身不断地自我评价、自我调控、自我激励，及时发现问题、解决问题。他评可以验证和矫正自评结果，沟通和协调各方面的关系。二者结合起来，可以更客观、更真实地对儿童美术学习做出价值判断。

2. 在实施美术学习评价过程中，要求儿童主动地、诚实地配合协作，积极参与评价活动，并提供真实而全面的美术学习评价所需信息，以便做出可靠的评价判断。

第三节　儿童美术教育评价的主要方式

当前，随着核心素养理念的深入实施，美术教学改革也应景而生，相应的美术教学评价改革也随之而来。开展儿童美术教学评价改革的根本目的是利用美术学科的特征及其独特的育人功能，落实立德树人根本任务，全面实施素质教育，促进学生的全面发展。因此，在开展儿童美术教学评价时应注重面向全体学生，充分体现核心素养新理念，体现评价的基础性和发展性特征，同时要有利于儿童建立自信，发现和发展自身潜能，并朝着既定的目标，努力转变美术学习方式，促进自己可持续发展。

一、转变美术教育观念，实施美术多元评价

评价观是教育观的反映，有什么样的美术教育观就产生什么样的美术评价观。如果美术教育价值观取向多元的评价者，将会对评价者的美术教育过程性、发展性、导向性、激励性、调控性等进行多元的综合评价。而美术教育价值观取向一元的评价者，将会用唯一标准对被评价者做出唯一评价。许多教育家多次呼吁："评价应多几把尺子，多一把尺子将会多一批好学生。"

因此，在美术教学过程中，我们应立足学科本位，从美术学科的“视觉形象性”这一本质特征入手，关注美术学科的价值和意义，扎实培育审美素养，进行有效教学评价。美术教学评价方式应注重考查每个学生的个性、情感、态度、习惯、学习方式等的差异性，呈现出多元的评价状态。由以往过于重视美术学科知识和技能的学习，或听之任之、放任自流的评价状态，转到重视对儿童优秀品格的养成以及美术学习关键能力的培养等进行多元的评价。美术教学评价应注重审美判断和文化理解的引导，体现创新能力的培养，美术评价的主体从单向性转向多向性和交互性，美术评价的角度从终结性转向过程性和发展性。

只有树立美术教育价值观取向的多元化评价观，才能真正实施素质教育，激发儿童主体自我发展的意识，让所有的儿童在自己的原有美术学习的基础上，充分发挥潜能取得审美能力的提升。在美术学习过程中，如果不关注儿童的情感表达，仅从成人角度分析美术作品的优劣，势必让儿童的美术学习自信受挫，不利于儿童的人格发展和健康成长。同时，在评价过程中我们也要强调参与互动、自评与他评相结合，促进评价双方沟通理解，建立积极、友好、平等和民主的评价关系，促进儿童的自我教育和自我发展，并能培养团队精神和合作意识，提升评价的教育价值，要求儿童正确对待自我和他人，形成良好的评价氛围。

二、 完善教学评价方式，促进美术素养提升

美术教学评价的发展性功能是美术教学评价改革的核心。我们坚持用发展的眼光看待学生，不仅要看到学生现有的美术学习水平，还要看到潜在的发展可能性，综合运用各种手段和方法，全面实施各项评价内容，促进学生美术素养的全面和谐发展。根据学校实际，我们提出了以下几种评价方式：

（一）学生的自我评价

自我评价是带有浓厚情感体验的自我认识活动，它使学生成为了评价和被评价的主体。以前我们常把学生当作“美术知识的容器”，只是一味地对学生进行知识和技能的指导，并以此为标准对学生的美术学习进行评价，几乎没有时间让学生进行自我评价，更忽视培养学生在美术学习活动中通过自我分析、自我反思、自我评价、自我决策而形成的自我评价能力，以及自我评

价能力对学生自我发展的促进作用。学生自我评价分为语言描述、问卷调查和建立学生档案三种方式。

1．语言描述。

即让学生在美术学习活动中进行自我分析、自我评判，促进学生的自我教育和自我发展。通过语言描述进行美术学习自我评价，不仅能锻炼学生的语言表达能力，还能养成良好的、有条理的行为习惯和锲而不舍的精神。

2．问卷形式。

（1）文字式问卷。

以简短、明了的形式让学生对美术学习进行自我评价，其形式有填空题、是非题、选择题、连线题、问答题等。

（2）表格式问卷。

把评价标准用表格形式表现出来，让学生根据自己所能达到的目标进行自我评价。这样能让学生明确评价的目标体系，进而找出自己的差距，提出努力的方向。

3．建立学生档案。

建立学生美术档案的目的是把学生美术学习的过程和结果用文字、图片等方式记录并保存下来，供研究总结或传承。我们主张把建立学生美术学习档案与学生自我评价结合起来，让学生把自己学习过程中的情况和资料搜集归类，以便自我总结，不断完善并促进发展。学生通过建立美术学习档案能提高学习的主动性，促进其在原有的水平上发展，有效地提高美术学习的质量。教师也可以通过学生的美术学习档案，了解学生的学习态度和学习特点，了解学生美术知识、技能的掌握情况以及学习观念和方法的改进情况，发展学生的潜能，了解学生发展中的需求，及时给予针对性的指导。

（二）学生间的相互评价

由于学生与学生之间更了解彼此的兴趣、爱好，更易沟通情感，因此，在评价过程中，我们强调评价主体的多元化，要求学生积极参与互动评价，促进评价双方沟通理解，建立积极、友好、平等和民主的评价关系，促进学生个性的发展。学生与学生间的相互评价可用语言直接表达，也可用互写评语的方式。

（三）教师对学生的评价

1. 对学生美术学习活动表现的评价。

评价的目的不是为了区分而是为了改善。因此我们不能只根据学习的结果评价学生的好坏，而要重视对学生美术学习活动表现的评价，对其在学习能力、学习态度、情感和价值观等方面的发展予以评价，突出评价的整体性和综合性。

每一个学生都是一个具体的丰富多样的活生生的人，而不是一个模子倒出来的抽象的“人”，我们在美术教学评价活动中应尊重学生个性，充分发挥学生的主体性。学习活动表现评价要求对学生在美术学习中的客观行为进行观察记录和分析，对学生的美术学习参与意识、合作精神、操作技能、探究能力、认知水平以及交流表达能力等进行全方位的综合评价。学习活动表现评价可以针对个人、小组或团体，既可以在美术学习过程中进行，也可以在学习结束后进行。对每个学生的每一次参与都应给予鼓励性的评价及正确的引导，评价结果以简单的形式加以记录，并给予学生恰当的反馈，以鼓励多样化的学习方式。

2. 对学生学习活动结果的评价。

对学生学习活动的结果也采用多样的评价方式，主要应对学生的观察能力、想象能力、思考能力和创造能力等，进行全面评价。美术教师应努力改变只记等级的单一方式，要根据美术学科特点选用灵活多样的评价方式，注重与学生生活实际相联系，评价学生关注生活、独立思考和美术表达的能力，学习结果采用等级与评语相结合的方式。

总之，开展美术教学发展性评价应鼓励学生人人参与美术学习活动，人人在自己的基础之上朝着目标和方向，获得不同程度的发展，真正实现美术学科的育人价值。而不是让每个学生面对同一标准，而产生压抑、挫折甚至厌学的情绪。这就要求我们美术教师要有以人为本的教育观、高瞻远瞩的发展观，在不断前进的教育改革中努力完善自己。

附：

儿童美术作品评价标准

序号	评价要素	要素说明	权重	评价等级(赋值)			
				A	B	C	D
1	**想象力** 对客观现实的表象进行自由自在的联想，表现出先天自然性的能力	想象奇特，符合儿童年龄的发散性思维特征；用自由联想的纯真天性来体验自己对周围事物的感受； 用童真看世界，能用记忆结合想象来传达天真的构想。	20%	18	16	14	12
2	**创造力** 通过对直接或间接获得的主客观经验进行重组，创造新形象的能力	勇于表达自己的创意联想，自由发挥个性。没有模式化、概念化痕迹，不受客观现实的制约； 使用材料和表现技法多样化，敢于创新求异，形象生动，有独特的表现手法。	20%	18	16	14	12
3	**观察力** 反映出对表现对象的形象特征和美的感知敏锐程度的能力	能用不同的视觉感知审美对象，充分发挥好奇心，有欣赏美的意识，主动积累感性经验； 有符合年龄特征的观察方法，并能通过美术作品来观察和感受生活。	20%	18	16	14	12
4	**表现力** 通过情感与想象相结合，用美术形式表现对客观事物的感受能力	有自我表现的热情，能运用恰当的语言从形式到内容表达出自己的主观情感和对事物的理解； 技法的选择能达到所想和所现的统一，具有天真活泼、生动稚拙的美。	20%	18	16	14	12
5	**感染力** 运用美术的构成元素所形成的风格来表现出作品美感效果的能力	能随心所欲运用美术语言，主观表达自己的感受，构思新颖，有动人的视觉效果； 表现出符合年龄特征的知觉方式，自然地流露内心的真实情感。	20%	18	16	14	12

续表

序号	评价要素	要素说明	权重	评价等级(赋值)			
				A	B	C	D
6	**特色因素** 附加分：以上未能涵盖的因素	作品中所体现出来的特色是上述各要素中未涉及到的； 表现出来符合儿童年龄段对美的理解和审美规律的相关因素。	10%	9	8	7	6

备注：本标准采取等级赋值的方式计算得分：A、B、C、D 各级赋值分别为 90 分、80 分、70 分、60 分。依据各评价项目的权重，分别计算出各评价项目的分项得分，其计算公式为：分项得分＝等级赋值×该项权重。